JN257748

美人は「ツバキ」でつくられる。

一生モノの美肌をつくる
椿オイル美容法

スカーレット西村
日本東洋医学会指導医 下田 憲 監修

SOGO HOREI PUBLISHING CO., LTD

プロローグ
～「椿オイル」があなた本来の美しさと力を引き出す

あなたは椿オイルをご存じですか？

「シャンプーに入っているあれ？」「ドラッグストアに並んでいるあのオイルでしょう？」

そうです。椿オイルは、実は1300年以上前から日本で使われている、超ロングセラー商品です。顔にはもちろん、ヘアケア、ボディケアとしても使え、日本女性の美しさを引き出す役割を持っています。

オイルを使うだけで肌質が変わり、幸せな人生を手に入れることができるとしたら、素敵なことだと思いませんか？　美しくなることで人生が変わる！　私はそんな、奇跡のような事実をたくさん知っています。

私は幼い頃から美しいものが大好きで、きれいになることにあこがれてきました。話題となる化粧品はともかく使い、新しい美容法は必ず試してきました。ところが、最初は良さそうな気もするのですが、結果的には満足できないことばかりでした。そんなとき、友人たちから「メイクを教えてほしい」と声がかかりました。それまで美容のことは趣味として学んできただけだったので、躊躇《ちゅうちょ》する気持ちもあったのですが、2002年、思いきってメイクアップ教室「美会」をスタートしました。

ところが、すぐに大きな壁にぶつかりました。それは、**メイクアップには、美しい素肌がどうしても必要だということ。**たとえ、アイラインが上手く引けるようになったとしても、流行の眉を思い通りに描けたとしても、顔の大部分を占める肌が美しくなければ、メイクアップの効果は得られないとわかりはじめたのです。

生徒になった方たちの思いも同じでした。「先生、素肌をキレイにするにはどうしたらいいのでしょうか?」と、肌への関心が高まっていきました。

みなさんの中には、「コンシーラーやファンデーションでシミもシワも思い通りに隠せるじゃない!」と思う方もいらっしゃるでしょう。でも、それで一時的に肌の悩みや不安を0地点にすることはできても、本当の自分の素肌が変わったとはいえません。その後ろ

めたさがある以上、自信に満ちた心や前向きな心を得ることはできません。

そこで、メイク映えのする素肌美を目指すことから、私の肌研究がはじまりました。まずは肌の構造を学びました。集めた化粧品の成分やうたい文句を見ては、肌構造にかなっているか、一つひとつ見直していきました。

私たち女性は〝肌内部に浸透〟〝一週間で見違える肌に〟といった文句を信じてみたくなります。しかし、肌は排出器官。多くの人が想像する肌内部は、いわば内臓ともいえるものです。そして、ターンオーバーには最低28日かかることなどを知ると、今までのうたい文句は、ほとんど夢のお話だと考えざるを得なくなりました。

では、美しい肌はどうしたら手に入るのでしょう？　行き着いた答えは、思いのほかシンプルなものでした。

「必要なことは、皮脂の状態を整えること。
そのためには、皮脂に限りなく近い性質を持ったオイルで補えばいい」

そして、数ある商品の中から探し出したものが、「椿オイル」でした。

私は美容研究家として、嘘のない、本当に良いものをみなさんに紹介したいと常に考えています。日々、美容のための技術や研究は進んでいます。そのため、椿オイルに出会ってからも、理にかなった新製品は迷わず試すようにしています。ですが、10年以上経った今でも、椿オイル以上のものには出会えていません。「美肌をつくるのは、やはり椿オイルで間違いない！」と確信できた今、この美容法を世に出す決心をしました。

私が考案した〝カメリアオイルメソッド〟は、椿オイルと洗顔法だけのシンプルなもの。

しかし日を追うごとに、鏡を見ることが楽しくなるはずです。そして得た前向きな生き方は、必ずあなたに今以上の幸せと、思いがけない奇跡をもたらすことでしょう。

スカーレット西村

もくじ

第2章 美肌のすべての基本！ 汚れを落として潤いも補う洗顔法

第3章　仕上げを工夫すれば、もっと美しくなれる！ より美しい肌になる椿オイルケア

第4章　美しくなるために大切にしてほしい10の言葉

第1章

日本の椿オイルが美肌をつくる

1 肌の若さは皮脂の量で決まる

「皮脂」が潤い肌をつくる

「肌の調子がいい」と感じるのはどんなときでしょうか？　指で頬に触れ、ふっくらとした弾力を感じたとき、しっとりと肌と肌が吸い付き合うような感触があったとき。鏡に自分の姿を映し、みずみずしさが溢れていたとき、血色が良く透き通るような肌色をしていたとき……。どれも素敵ですね。毎朝こんな肌だったら、心も晴れ晴れするはず！　家事にとりかかったり、仕事に出掛けたりする足取りも、自然と軽くなることでしょう。

心地良い肌は、女性にとって日々のパワーの源になります。私も毎朝、ターバンで髪をまとめて洗面台の鏡に向かったとき、肌の調子がいいと、一日の運気が上がるような気がします。

ある大手化粧品メーカーが、目で見て他者の肌の美しさを評価する実験をおこなったところ、評価の最上位にきたのは「**潤い**」でした。その次に、ハリ、ツヤ、透明感でした。潤いがないと感じた肌に対しては、透明感を感じることができず、ハリ、ツヤについても低い評価がなされました。

この実験から、**人は感覚的に「潤い」を軸に、肌の良し悪しを感じ取っている**ことがわかります。

では、潤いのある肌には何があるでしょうか？　水分？　しかし、水分だけでは蒸発してしまいますよね。

答えは「**油分**」です。**皮脂が肌の潤いをつくり、美しさの評価も左右する**のです。

皮脂は美肌づくりの味方

みなさんは、皮脂と聞いてもあまり良いイメージを持たないかもしれません。顔のテカ

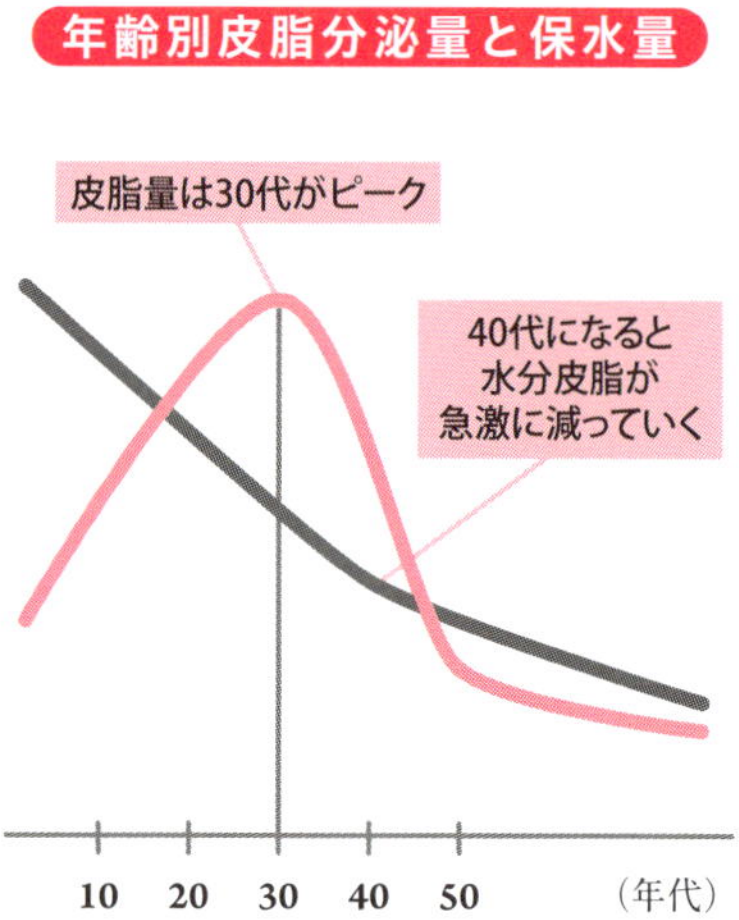

リやメイクの崩れ……あぶらとり紙を思い出すのかもしれませんね。

上のグラフは「年齢別皮脂分泌量と保水量」を表したものです。皮脂の分泌量は30代をピークに減少していることがわかります。「よかった！　時間が経てば自然とテカリや化粧崩れから解放されるのね」と思ったのなら、それは大きな間違いです。皮脂は、みなさんが思っているほど毛嫌いするものではありませんし、むしろ、**美肌を保つには欠かせない存在**なのです。

では、そもそも皮脂とは何なのでしょうか？

皮脂を構成する主成分は脂肪酸系成分のオレイン酸で、皮脂全体の約40%を占めているといわれています。

皮脂は皮脂腺から分泌され、汗などの水分と混ざり、肌表面と外界との間に「皮脂膜」というバリアをつくります。具体的には、**水分蒸発量を抑制・角質層の過度な剥離《はくり》を防ぐ・暑さや寒さの緩和、といったバリア機能を発揮します**。

さらに、弱酸性を保つ性質があり、肌表面がアルカリ性に傾いても中和し、弱酸性に戻すことができます。細菌やウイルスといったものは、酸性に弱い場合が多く、**弱酸性に保つことで繁殖や感染を抑えます**。

〝汗と混ざる〟といいましたが、ベタベタするあの汗ではありません。汗には汗をかいているとと自分でわかる①感知性発汗と、気付かない②不感知性発汗があります。

①の感知性発汗は、暑さを感知したときに出る汗で、**気化熱を利用して体温を下げる**働きがあります。毛穴から肌の表面に広がるように分泌されるため、ベタベタします。毛穴を開かせたり、菌が繁殖しやすい肌環境にしてしまいます。

一方、不感知性発汗は、肉眼ではわからない水蒸気となって絶え間なく出ている汗のことです。肌を通過しながら肌の一番外側にある角質層に水分を補給して乾燥から守るなど、身体に良い働きをします。皮脂膜に含まれるのは、この不感知性発汗による汗です。

つまり私たちの皮膚上では、この不感知性発汗による「汗」と「皮脂」が混ざり合っているわけです。

とはいえ、油と水は混ざらないのが定説。化粧品の中には、油と水を無理矢理混ぜ合わせるための乳化剤として、合成界面活性剤が入っています。その害は一般的にも知られていますし、化粧品選びのひとつの基準にしている方もいらっしゃるのではないでしょうか。油と水が混じったバリアが、本当に人の肌の表面に存在するのかと不思議に思われる方もいらっしゃるでしょう。実は、角質層は毎日、少しずつ垢《あか》となって剥がれ落ちていきます。その過程で、角質層に含まれるセラミドやコレステロールといった成分が肌の表面に出てきて天然の乳化剤（界面活性剤）として働きます。そのため、皮脂と水をほどよく混じり合わせることができているのです。

皮脂は、ひっきりなしに分泌されているわけではありません。皮脂膜が充分にできていれば分泌は抑制されます。反対に、足りなければ盛んになります。

たとえば、**洗顔後につっぱる感覚があるときは、皮脂が足りないというサイン**です。分泌が急速にはじまり、バリア機能の回復を目指します。

このように、私たちには生まれながらにして健康で美しい肌をつくる「皮脂」という味方がいます。皮脂膜が「**天然のクリーム**」と表現されるのもこのためです。

バリア機能を高めて、美肌になる

皮脂の分泌量は自動的に調整されているとお話ししました。しかし、残念ながら年とともにその分泌量は減っていき、必ず回復できるわけではありません。年齢以外にも、スキンケア習慣、体調、季節……さまざまなことに影響を受けてしまうことがわかっています。

では、もし皮脂が充分に分泌されず、皮脂膜がつくれなくなってしまったら、肌はどうなってしまうのでしょうか？　バリア機能が弱まってしまうため、肌はとても無防備な状態になります。乾燥を引き起こし、肌の美しさを左右する柔軟性や弾力も失われます。外界からの刺激や異物の侵入も防ぐことができず、さまざまな肌トラブルを起こしてしまうでしょう。**あらゆる肌トラブルの根っこにあるのは、皮脂の減少**といってもいいのです。

逆にいえば、皮脂の分泌量を良好に保つことさえできれば、肌の悩みの多くは改善できるということになります。**理想的な皮脂膜で肌を覆うことができていれば、肌を健康に美しく保つことにつながります**。先ほど、30代をピークに分泌量が減ってしまうとお伝えしましたが、減るのなら、補えばいいのです。

ただ、「30代がピーク」という説は、誰にでも当てはまるわけではありません。**分泌量はスキンケア習慣にも影響を受けます**。今、強力な洗浄力を持つオイルクレンジングやジェルクレンジングなどで、汚れは根こそぎ落とすのが良いといった考え方が広まっています。しかしそれでは、必要な皮脂を奪い去り、角質層を荒らしてしまっている恐れがあります。そんな方は、30代を待たずして、皮脂の減少ははじまっていると考えるべきです。

皮脂の過剰分泌は乾燥のサイン

「じゃあ（鼻の頭などが）常に油っぽい私は？」と思った方もいらっしゃるでしょう。

大人の、いわゆる〝脂性肌〟には、そもそも肌が保持している水分量が少ないという乾燥の問題があります。**乾燥すればするほど、肌は水分を逃すまいと、必死に皮脂の分泌量を増やします**。ですから、常に油っぽい感じがするのです。そのような方は、あぶらとり紙などで皮脂を取り去るよりも、その皮脂でバリア機能を積極的に高めることを考えるべきなのです。

雑誌などでよく、乾燥肌・混合肌・脂性肌と肌タイプを分類し、別々のケア法を提案するといった記事を見かけます。皮脂に着目した分類のようですが、私は、この分類は必要ないと考えています。なぜなら、すべてが「皮脂異常」によるものだからです。対策は共通して、必要なだけの皮脂が分泌され、肌に乗っている状態にすることです。どのような肌タイプであっても、**皮脂が適切に分泌されていれば、肌トラブルは何も起きません**。

バリアを失った肌に対し、私たちは化粧水や乳液、美容液、クリームなどの力を借りてバリアの代わりをつくろうとします。しかし、化粧品はあくまでサポーターに過ぎません。**肌はそもそも、自分の力で健康に美しくなろうとしています**。スキンケアでは、その力を信じ、サポート役に徹することが大切なのです。

健康で美しい肌をつくることは、子育てにも似ています。子どもに過度に物を買い与えてしまうと、努力をしなくなったり、物を大切にしなくなってしまいます。肌も、栄養や水分を与え過ぎると本来の機能が弱まっていき、いつでも手に入るものと安心して栄養や水分を受け取らなくなってしまいます。

肌の本来のバリア機能を高めることこそ、健康で美しい肌をつくる近道なのです。

2 保湿は、いかに肌内部の水分を守るかがカギ

肌には水分を貯めこむ機能がある

皮脂の性質、皮脂膜の大切さを知っていただいたところで、もうひとつ考えていただきたいことがあります。「**保湿**」についてです。どんな目的をもって、どんなケアをしたらいいのでしょうか?

人間は、体の60%が水分でできているといわれています。体重が50キロなら、そのうち30キロは水分ということになります。ちなみに、生まれたばかりの赤ちゃんは水分量が75

％にもなるそうです。赤ちゃんの肌がふっくらしていることもうなずけますね。

人間は水と睡眠がとれれば、食べ物がなくても２〜３週間は生きていられるそうです。ですが、水を一滴も飲まないと、たった４〜５日で命を落としてしまいます。水分は、想像以上に大切なものなのです。

それは、肌にとっても同じです。水分がたっぷりあると、肌にハリや弾力が出るため、見た目は健康で美しく、触っても気持ちの良いものです。しかし乾燥し、ガサガサしていては健康で美しいとはいえませんよね。乾燥が進んでしまうと、かゆみ、赤み、湿疹といった重症な肌トラブルにもなりかねません。保水量は年齢とともに衰えていきます。なんらかのケアが必要なことは明らかです。

外側から水分を与えるだけではキレイになれない

今、「保湿はお手入れの基本」という考えが定着しています。みなさんも日頃から気を配っていらっしゃることでしょう。「潤いを与えるため、化粧水は欠かせません」という方も多いかもしれません。お風呂から上がったらすぐに化粧水をつけるのがいいという考え方に応えるように、浸透性をうたう化粧水も続々と発売されています。

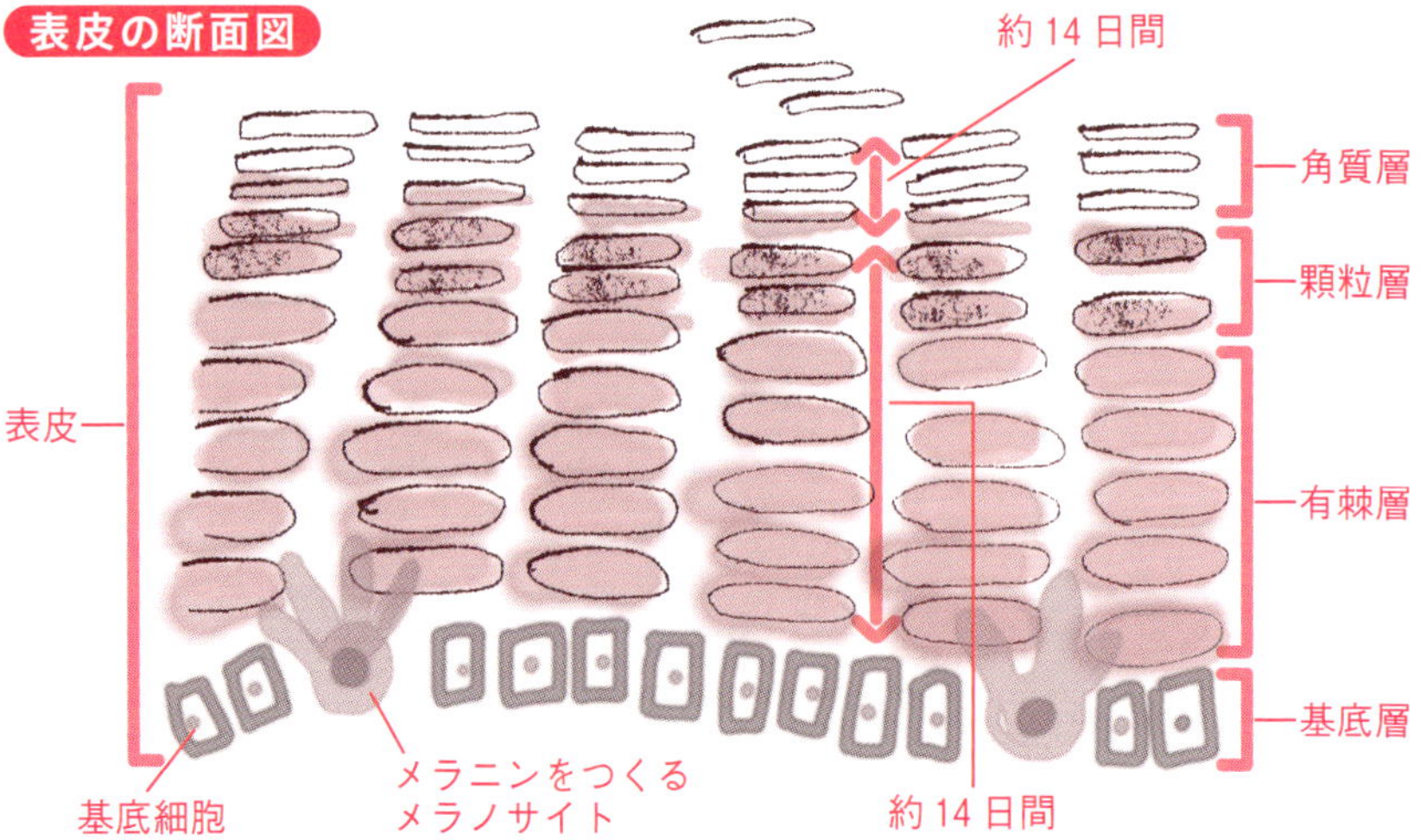

表皮の断面図

保湿ケアに積極的なことは、とてもすばらしいと思います。でも、保湿の本質は、外から水分を与えることではありません。**肌内部にある水分をいかに保ち続けるか**なのです。

ではなぜ、肌内部にある水分を保ち続けることが保湿の本質なのでしょうか？

その秘密は、「**角質層**」にあります。

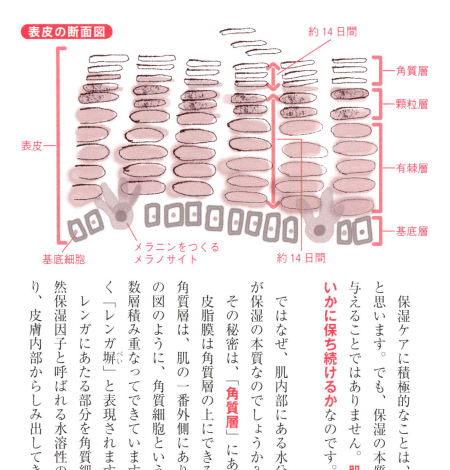

皮脂膜は角質層の上にできるとお話ししました。角質層は、肌の一番外側にあります。それは、上の図のように、角質細胞という細胞が数層から十数層積み重なってできています。その構造からよく「レンガ塀《べい》」と表現されます。

レンガにあたる部分を角質細胞といいます。天然保湿因子と呼ばれる水溶性の成分が含まれており、皮膚内部からしみ出してきた水分を取り込み、角質細胞内にとどめておく役割をします。そして、レンガとレンガの継ぎ目にあたる部分を角質細胞間脂質と呼びます。

最近、セラミドという言葉をよく耳にしますね。これは、細胞間脂質の約半分を占める成分です。角質細胞の周りを埋めるように固めて、水分を逃さないようにしています。

角質層は、立派なダブル保湿機能を持っているのです。

また、整った角質層は、外界からの刺激や侵入を防ぐバリア機能も果たします。厚さにして、0・01〜0・03ミリメートル程度。ポリエチレンラップやビニール袋ほどの厚さしかないのですから、本当に驚いてしまいます。

そしてもうひとつ重要な役割も担っています。あとにも詳しくお話ししますが、角質層は、肌のターンオーバーに関わります。新しい細胞は基底層というところで生まれ、2週間かけて成長し、あとから生まれた細胞に押し上げられて角質層に到達します。そして、角質細胞になり、保水やバリア機能といった役割を果たします。最終的に垢となって剥がれ落ちていくまで2週間とどまります。こうして、**合計4週間、28日かけて、新しい肌に生まれ変わるターンオーバーが起きるのです**。

ただ、角質層にもし水分が保持できなければ、必要以上に角質細胞が剥がれ落ちていくため、肌はターンオーバーを急いでおこないます。短期間で角質層まで上がってきた細胞はまだ成長が不十分ですから、小さく、形も不揃いで、レンガ塀のように並ぶことはできません。そうなってしまうと角質層は不完全となり、ダブル保湿機能もバリア機能も発揮できなくなってしまいます。もちろん、有効なターンオーバーもできません。

さらに角質層には、物質を通しにくい性質もあります。そのため、化粧水などで外から水分を与えても、私たちが想像しているほど〝浸透〟することはないのです。また、角質層が荒れている状態では細胞に水分を受け止める力もないため、結局、蒸発してしまいます。肌に備わっているのは、与えられたものを受け止める機能ではなく、**肌内部の保水力を上げるための機能**なのです。

「与える」から「高める」スキンケアへ

肌内部では、積極的に保水がおこなわれていることがわかりました。しかし、私たちには「皮脂膜」という心強い味方がいて、肌表面からの水分の蒸発を防いでいるはずです。皮脂膜だけでは潤いをキープできないのでしょうか？

皮膚の大部分には皮脂腺がありません。皮脂腺が形成される場所は、額、鼻まわり、胸や背中の中央などに限られます。まぶたの縁にあるマイボーム腺も皮脂膜の一種であり、角膜の乾燥を防いでいます。

皮脂腺がないところでは、角質層が皮脂膜同様、肌の水分が蒸発するのを防いだり、外界からの刺激や侵入を防いだりしています。身体全体から考えれば、主に**バリア機能を担っているのは角質層**なのです。

お風呂に入ると、腕や脚でも水をはじきますよね。皮脂の膜がないのに身体のあらゆる箇所が水をはじくのは、角質層の立派なバリアがあるからです。

そもそも角質層は、もともと水中に生きていた私たち人類の祖先が、進化を経て陸の生物となって形成された器官だといわれています。乾燥から肌を守らなければならない陸生生物特有のものなのです。

顔の場合、角質層バリアの上にさらに皮脂膜のバリアを形成します。それが角質層の必要以上の剥離を防ぎ、潤いを保とうとしています。**顔は特に、とても手厚い保護を必要としている**のです。

3 なぜ椿オイルがスキンケアにいいのか？

オレイン酸をたっぷり含んだオイル

健康で美しい肌をつくり、保つために一番簡単な方法は、肌バリアをしっかりつくることと肌内部の保水量をキープすることだとおわかりいただけたと思います。

これらを叶えるには、皮脂膜と親和し、自らも皮脂膜として働き、バリアを強化する力があるもの、そして皮脂膜が足りないときには角質層の隙間ににじみこみ、とどまるもの、こうした性質を持つもので補う必要があります。

それに適するものは、**皮脂に近い成分**を持つものです。

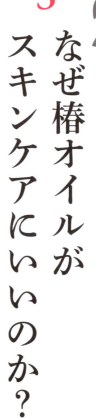

皮脂成分に最も多く含まれるのは、**オレイン酸**です。ですから、皮脂に近い成分を補うには、オレイン酸を使えば良いということです。

そこで私は、脂肪酸の中でもオレイン酸に注目し、オイルの研究をしました。

オレイン酸は、皮脂に多く含まれるため、皮脂膜をつくるのに最適です。実際に含んでいるということは、肌にとって安全なものですから、刺激や拒否反応を示す心配もないと考えられます。脂肪酸に含まれるリノール酸というのも肌への親和性が高く、角質層から水分が蒸発するのを防ぎ、抗炎症作用、肌荒れ防止作用があります。

しかし、調べてみると、リノール酸には「**酸化しやすい**」というデメリットがあることがわかりました。酸化すると品質が急激に落ちてしまい、先ほどの働きがなくなってしまいます。そこで、オレイン酸を多く含み、リノール酸は少ないオイルを探すことにしました。数あるオイルを買っては成分のチェックをして……をくり返して、当時美容オイルとして注目を浴びていたローズヒップオイルと、オレイン酸の比率の高いオリーブオイル、椿オイルの３種類が残りました。

ローズヒップオイルとオリーブオイルを使用しない理由

ローズヒップオイルは、野生のバラの実から採れる大変希少なオイルです。約20％のオレイン酸、約40％のリノール酸を含みます。

日本で知られるようになったきっかけは、60代にして「世界で最も美しい女性」に選ばれた大女優カトリーヌ・ドヌーブの存在が大きいといわれています。彼女が〝若返りのオイル〟として使っていることが紹介され、一気に注目が集まったのです。

非常に高い美白効果があるため、別名「**ビタミンCの爆弾**」とも呼ばれます。ただ、成分の約半分が、酸化しやすい性質を持つリノール酸です。酸化したものを肌につけて太陽の下に出れば、日光でシミをつくってしまいます。美白の目的で夜のお手入れに使えたとしても、**日中の使用に適さない**ため断念しました。

次に、オリーブオイルを調べました。

ヨーロッパでは、油といえばオリーブオイルのことを指すくらい、生活に根づいている油です。私はイギリスに滞在していたことがありますが、当時、手に入りやすかったのでよく使っていました。クレンジングオイルとしても具合がよく、天然のオイルということもあって、安心して使えます。日本でも、「オリーブオイル美容法」は広く知られており、クレンジングだけでなく、マッサージやパックに使っていらっしゃる方も多いでしょう。オレイン酸80%、リノール酸15%と、成分もとても理想的です。

ただ、ひとつ難点があります。クロロフィル（葉緑素）の存在です。

オリーブオイルは、オリーブの果実から油を取り出したものです。オイル自体は薄い緑色をしていますが、これは、クロロフィルが含まれているということでもあります。

クロロフィルの周辺は光合成による影響を受けやすく、**活性酸素を発生させやすいというデメリットがあります**。活性酸素は、身体をサビさせる働きがあるので、決して良いものとはいえません。ほとんどのオリーブオイルが色つきのビンに入って売られているのは、光合成によって成分が酸化するのを防ぐためです。オリーブオイルも、美容オイルとしてはできれば避けたいと考えるようになりました。

肌に〝親和〟する椿オイル

最後に椿オイルを調べました。椿オイルはローズヒップオイルやオリーブオイルに比べ、スキンケアに使うイメージがあまりないかもしれませんね。

	オレイン酸（皮脂に近い成分。皮脂に約40%含まれる）	リノール酸（角質から水分蒸発を防ぐ。酸化しやすい）	メリット	デメリット
ローズヒップオイル	20%	40%	美白効果が高い	酸化しやすい
オリーブオイル	80%	15%	入手しやすい 使用用途が幅広い 皮脂に近い成分なのでなじみやすい	クロロフィルを含んでおり、活性酸素の害を受けやすい
椿オイル	85%	5%以下	皮脂に近い成分なのでなじみやすい 酸化しにくい サポニンが豊富（天然の殺菌・抗菌作用で肌を守る）	独特のにおいがある

成分は、オレイン酸85%以上、リノール酸5%以下。**自然界で得られる油の中で、最も豊富にオレイン酸を含んでいます**。私たちの身体に相性の良いものといえます。また、リノール酸が少ないため、**非常に酸化しにくい油ともいえます**。オイル製品の多くは、褐色や青色の容器が採用されており、酸化による劣化を防いでいますが、椿オイル製品は、透明なボトルで売られています。これは酸化しにくいからこそできることです。

また、油には「乾性油」と「不乾性油」がありますが、椿オイルは「不乾性油」に分類されます。

不乾性油とは、薄い膜にして空気中に放置したときに、乾燥しにくい油ということです。これは肌をケアするのに適しているといえます。一方、乾性油は、空気中で徐々に固まる油です。油絵具にはこの乾性油が使用されています。もしこうした性質を持っていたら、とても肌のケアなどできません。

さらに、**椿オイルに含まれるサポニンには、殺菌・抗菌作用があります**。柿の葉寿司や笹寿司のように、椿の葉を使ったお寿司がありますが、こうした性質に注目して使われるようになったのでしょう。後ほど詳しくお話ししますが、**サポニンはまた、天然の界面活性作用も発揮します**。

製造方法ですが、椿オイルは種子から搾ります。葉緑素がつくられるのは、種子が発芽してからです。オリーブオイルのように活性酸素の影響はないと考えていいでしょう。

では本当に、肌内部の保水量をキープし、肌バリアをつくることはできるでしょうか？試しに、椿オイルを1〜2滴、肌に落としてみます。すると、やさしく伸ばすだけで肌になじむ感覚が得られます。オレイン酸が多いため、皮脂としっかり「親和」しているということです。これなら、皮脂の働きをサポートできます。乾燥しにくいため、親和した後も理想的な働きが続くでしょう。

こうした点から、椿オイルは、スキンケアにおいて最も優れているといえるのです。

椿オイルのにおいについて

もしかすると、椿オイルは独特のにおいがするから苦手、という方もいらっしゃるかもしれません。しかし、最近の椿オイルは精製技術が進んでいて、においが少ないものも多いため、安心して使っていただけると思います。

また、使い続けることで、肌がにおわないかな？　と不安に思う方もいらっしゃるかもしれませんが、気にすることはありません。何度かお伝えしたように、椿オイルは皮脂に近い成分なので、肌になじみやすい性質があります。つけすぎないかぎり、汗のようににおってしまうということはありません。

オイルは酸化しにくいものを

オイル選びの際、私が大切にしていることのひとつが、「**酸化しにくいかどうか**」ということです。

オイルは、ある一定の時間が経つと、中身が酸化してしまうこともあります。

酸化とは、金属でいえば、サビたり変色した状態のことです。サビた金属の質が落ちていることは、一目瞭然ですね。

酸化した油には、活性酸素の仲間が発生しています。それが体内に入ると、健康な細胞を攻撃し、人間の身体も酸化させます。身体の酸化は、老化や多くの病気などの原因となり、健康を脅かすことがわかっています。

タバコも活性酸素を過剰に発生させます。タバコが健康に害があり、老化を早めることはよく知られていますが、これは活性酸素の影響なのです。私たちが、におうからといって酸化した油を口に入れたくないと感じるのは、身体が自然と酸化から身を守ろうとしているからかもしれません。

肌でも同じようなことが起きます。スキンケアに酸化したオイルを使用すると、やはり活性酸素の仲間が細胞を攻撃します。老化やシワといった皮膚トラブルが起きてしまうのです。

オイルは選び方を間違えると、肌の上で「敵」に変わってしまいます。食べ物もスキンケアも、できるだけ酸化しにくいオイルを使うべきです。

4 ダブル洗顔は今すぐやめましょう

その洗顔、本当に必要ですか？

ここまで読み進めていただくと、私たちには、生まれながらにして健康で美しい肌を作り、保つことができるすばらしい機能が備わっていると実感できたと思います。ですが……疑問がわいてきませんか？　そうです。「洗顔」についてです。顔を洗うのは、幼い頃から当たり前の習慣だと思います。年頃になると、母親が使っている洗顔料を使ってみたくなったり、周囲が使っていることを知り、自分も試してみたり……といった経験があるかもしれませんね。

製造メーカーでも、夏はすっきり爽快感のある洗い上がりが得られる洗顔料、冬は保湿効果がある商品などと、巧みに商品展開をおこないます。赤ちゃん用のソープもあり、多くの人が何の疑いも持たずに使っています。ここまで洗うことにこだわるのは、日本人が清潔感を好む国民性であることに関係があるのかもしれません。

しかしここ数年、クレンジング剤と洗顔料の２つを使う洗顔法、いわゆるダブル洗顔に反対する人が増えてきました。「クレンジングをしっかりして洗顔料での洗顔はしない」という洗顔法を提唱する医師や美容家も多くいます。身体にも使わず、健康で美しい肌を保っているという芸能人も多く紹介されています。私も必要以上に洗顔料を使わない方法に賛成しています。

では今、なぜこういった方法が注目を浴びているのでしょうか？　まずは洗顔そのものを見直してみましょう。

クレンジング剤は台所洗剤で顔を洗うのと同じ!?

洗顔にはそもそも、大きく３つの目的があります。**①メイクを落とす②余分な皮脂や汗を落とす③ほこりなどの外部からの付着物を落とす**です。

メイクアップ用品の主成分は油と色素です。あれほどの多彩な商品を生み出すには、色素の力がなくてはなりません。国から安全性が確認されたものだけが、決められた配合量の範囲内で使用を許されています。ただ、色素ですから、中には、シミを作りやすいものもあります。メイクをするのなら、その分、ケアもしなければいけないと思っています。

メイクを落とすために、クレンジング剤を使っている方は大勢いらっしゃるでしょう。クレンジング剤は、「油と油は混じりやすい」という性質を利用し、メイクを落とします。まず、クレンジング剤に含まれる油分が、肌に付いたメイクの油分を吸い、肌から浮かせます。それから、そのメイクと油の混ざったものを肌から落とさなければなりません。しかし、油は水ではなかなか落ちませんね。このとき働くのがクレンジング剤に配合された合成界面活性剤です。水と油をあっという間に乳化し、肌から離します。よくできた仕組みのようですが、これは**台所洗剤で顔を洗っているのと同じことなのです**。

クレンジング剤を使いすぎると……

2つの混じり合わない物質の間には、境目である「界面」が存在します。界面活性剤とは、こうした界面に働いて、界面の性質を変える物質のことです。仲が悪いことを意味する「水と油」という言い回しがありますが、界面活性剤があれば、水と油も白く濁ったようになって混ざってしまいます。これを「**乳化**」と呼びます。

界面活性剤は、レシチンやサポニンなどの天然のものから合成品まで限りなく種類があります。天然のものはもともと存在するので、ほとんど問題はありません。合成品には、石油からつくられた強い洗浄力を持つものもあります。**クレンジング剤に使用されている多くのものは、こうした合成品と考えたほうがいいでしょう**。

健康な皮膚にはバリア機能があるため、アレルギーを誘発するような大きな分子の物質は通しません。しかし、界面活性剤は、バリアという界面を突破しようとします。**大事な肌バリアをゆるめて、タンパク質もとかし出してしまう**のです。その結果、肌表面はどうなってしまうでしょうか？　もちろん、角質層が荒れていきます。

さらに、一度肌につくと離れにくい性質もあるため、肌に残って刺激を与え続けてしまう側面もあるのです。これが肌によくないといわれている理由です。改めて知ると、顔につけようだなんて思いませんね。ですが、クレンジング剤という身近なものに形が変わっているため、私たちは何の抵抗もなく使ってしまうのだと思います。

界面活性剤は洗顔料にも入っています。洗顔料の代表は石けん成分です。石けんは、油とアルカリ剤を混ぜてつくられています。オレイン酸などの脂肪酸とアルカリ剤を反応させ、界面活性剤の作用で取り除く仕組みです。洗顔後、さっぱり感やつっぱり感を感じるのは、肌の水分や油分が取り去られた状態だからです。

クレンジング剤や洗顔料は、メイクを楽に落としたいという私たち消費者の要望を叶えてくれます。しかし、何を使ってどう落とすべきか、しっかり考える必要があるでしょう。

皮脂、汗、ほこりといった肌の汚れのほとんどは水溶性で、実は、お湯だけで落とすことができます。また、「肌は新陳代謝する。角質の表面に非水溶性の汚れが固着しても、3日ほどであれば、お湯ですすぐだけで落ちる」という医師もいるくらいです。

つまり、石けんなどを使って一生懸命に洗うのは、「洗いすぎ」ということです。**天然の品質の良いオイルでクレンジングし、お湯ですすげば、不要な汚れはすべて落ちます**。

私は顔にも身体にもほとんど石けんは使いません。でも、まったくトラブルはないですし、今でも水をはじくような肌質を保っています。

クレンジング剤としても、椿オイルが良いでしょう。それは、界面活性効果を持つサポニンを含んでいるからです。質の高いオイルを使っても、肌にオイル感や不快感が残れば、石けんで洗顔をしたくなりますが、椿オイルなら、メイク落とし後、ぬるま湯洗顔することでスッキリします。

ふだんクレンジング剤でゴシゴシ洗うことに慣れている方は、椿オイルでちゃんとメイクが取れたのか、不安に思う方もいらっしゃるかもしれません。

気になるときは、椿オイルを含ませたコットンでメイクオフした後のコットンの表面を見てみてください。白い部分にファンデーションやアイメイクの汚れが付かなくなったら、メイクオフできた証拠です。

5 見落としていませんか？肌本来の力

愛すべき常在菌

ダブル洗顔や石けん洗顔に賛成できない理由は、合成界面活性剤の害だけではありません。「常在菌」の存在があります。

「常在菌」という言葉を聞いたことはあるけれど……という方の中には、「バイ菌」の仲間だと思っている方がいらっしゃるかもしれません。

また、「菌活」といって、納豆菌や乳酸菌の力を美容や健康づくりに役立てようという食生活が注目されたことから、私たちの体に住む菌の存在が知られるようになって「菌」に

高い関心を持つ方もいらっしゃるでしょう。

私たちの体には、常にたくさんの細菌たちが住みついています。健康な人の肌には、1兆個の皮膚常在菌が存在するそうです。「菌」というのは、すべてが悪い病気に感染させたりするようなものではありません。反対に、悪い菌やウイルスの増殖を抑える大切な役割を持っているものもあります。**常在菌のおかげで、私たちの体では、肌トラブルはもちろん、食中毒や感染症などの原因になる菌やウイルスが増殖しにくい環境に保たれている**のです。

皮脂膜のバリア機能のひとつに、肌を弱酸性に保つことで、酸性が苦手な悪い菌やウイルスが増えるのを防ぐという働きがありました。これを可能にしているのが皮膚常在菌です。皮脂成分の脂肪酸を食べて分解し、皮膚を弱酸性にしてくれます。

最近、皮膚常在菌の仲間であるニキビダニが「顔ダニ」と呼ばれています。ニキビダニは、毛穴や皮脂腺の中にいて、余分な皮脂を食べています。Tゾーンで皮脂腺が発達しているため、顔に多く存在します。そのため、顔ダニと呼ばれているようです。「ダニ」と呼ばれているため、気持ち悪いもの、排除しなければならないものだと誤解しておられる方が多くいらっしゃいますが、ニキビの真犯人ではありませんし、適切な量が存在している分にはまったく問題がなく、むしろ共存していくことで肌の健康に役立つものなのです。

洗顔料があなたの美肌を遠ざける

洗顔料を使う洗顔は、洗浄力が強いため、皮膚常在菌を取り去ったり、殺してしまうリスクがあります。一説では、90％も洗い流されてしまい、肌状態によっては、回復するのに12時間もかかるそうです。洗顔で清潔が保たれ、肌トラブルがなくなると信じているのに、これではかえってニキビなどのトラブルが起こりやすくなってしまいます。

美しい肌をつくる菌の力があるのに活かしていない、力があることを知らずに邪魔者扱いしているとしたら、とてももったいないことです。それに、化粧品などでケアするより、備わっている力を活かしていくほうが、肌にとってはストレスも少ないのです。

「でも、ニキビにはしっかり洗顔でしょ?」と思われた方、本当にそうでしょうか?

いわゆる「大人ニキビ」は、皮膚常在菌を生かすことが対策になるのです。

思春期ニキビと大人ニキビは、できる場所が違うと感じませんか? 思春期ニキビは、おでこや頬にできます。思春期で急激に皮脂分泌量が増え、毛穴からの排出が追いつかないことが原因といわれています。それには洗顔も有効です。一方、大人ニキビはフェイスラインにでやすいですよね。皮脂腺の少ない部分にも発生します。

このことからもわかるように、ニキビは、できる年齢や時期によって性質が違います。ですから、その対策も変えなければいけません。

そもそもニキビの発生に深く関わっているのは、アクネ菌です。アクネ菌は、毛穴の少し深いところに住んでいます。アクネ菌は、悪者にされがちですが、これも常在菌の仲間です。ニキビの有無にかかわらず、誰でも持っている菌です。

常在菌であるはずのアクネ菌の働きをおかしくしてしまう一番の原因は、洗顔のし過ぎです。**洗顔で常在菌が減ったり、なくなると、常在菌のバランスが崩れます**。すると、脂肪酸が余分に肌に残り、アクネ菌が活発化して脂肪酸の悪い影響を強めてしまうため、炎症が起き、ニキビになります。さらに、常在菌がいなければ、悪い菌が増殖します。この影響で、ひどいニキビになってしまうのです。

石けんを使わない洗顔の場合、さまざまな皮膚常在菌をしっかり生かせるので、アクネ菌だけが大量発生するようなことはありません。**洗顔後は、椿オイルで良質な油を補い、皮脂膜のバランスを整えれば、大人ニキビの問題も解決できます**。

常在菌は、手指の表面にもいます。殺菌作用のある石けんをひんぱんに使うと、同じように常在菌を殺してしまいます。これでは、かえって感染の危険が高くなってしまいます。

私は家族にも流水だけでしっかり手を洗うように伝えています。それ以来、せっせせっせと殺菌洗剤で手洗いさせていた頃よりも、病気をしなくなりました。これも、常在菌がしっかり働いているからでしょう。

毛穴はつまらない

ダブル洗顔、石けん洗顔はしないほうがいいとか、ニキビの話をすると、「毛穴に汚れがつまったら?」ということを考えるかもしれません。ですが、毛穴は皮脂や汗の通り道であり、排泄器官です。そのため、毛穴に汚れがつまりっぱなしになることはないのです。

毛穴に残ったものがあっても、通常なら常在菌が不必要な分は食べてくれます。でも、常在菌がいない場合には、そこで炎症が起きてしまいます。これが毛穴づまりの正体です。決して汚れがたまっていくわけではないのです。

肌の表面を拡大すると、四角い小さな丘が規則正しく並んでいます。これを「皮丘《ひきゅう》」といいます。丘と丘の間は溝になっており、ここを「皮溝《ひこう》」と呼びます。肌のキメとは、皮丘と皮溝の模様のことです。

もし肌に汚れが残るとすれば、皮溝の部分に残ります。メイク落としのときに肌をこすったりすると、化粧品は皮溝に残ってしまいます。これは実は、案外簡単に解決できます。化粧落としのときにコットンで押し拭きをしてください。上から押すと、皮丘と皮丘の間にある皮溝部分が広がり、コットンがしっかり届きます。残りもすっかりきれいに取れるのです（90ページで詳しく説明します）。

常在菌を生かすことと、少しの工夫で、肌本来の美しさは取り戻せます。

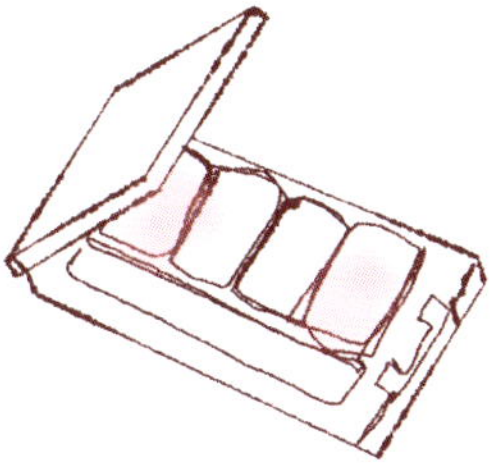

6

表皮は「椿オイル＋水道水」でケアできる

肌は28日かけて生まれ変わる

肌をとりまく事実をいくつか知っていただいたところで、では、実際にどんなケアが美しく健康な肌を作るのか、お話しします。

そのためには、肌の構造を知る必要があります。少し聞き慣れない言葉も出てくると思いますが、今後、賢い選択をしていくためにも役立つ知識ですので、ぜひ読み進めてみてください。

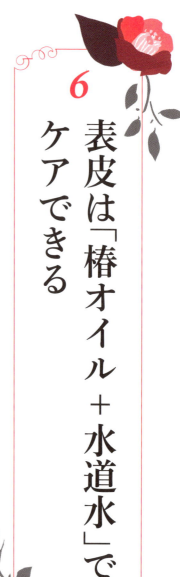

肌は、表皮《ひょうひ》、真皮《しんぴ》、皮下組織《ひかそしき》の３つの層が重なってできています。最も外側にあるのが表皮。細かく分けると、表面から角質層、顆粒《かりゅう》層、有棘《ゆうきょく》層、基底層の順に並んでいます。肌のケアを考えるうえで理解しておきたいのは、「角質層」と「基底層」です。

角質層についてはすでにお話ししましたね。角質細胞という死んだ細胞が、顔では数層から十数層積み重なっています。ダブル保湿機能を持っており、肌内部に水分を閉じ込めています。また、細菌の侵入や化学物質、紫外線などの刺激を防ぐバリアとしても働きます。

基底層は、真皮と表皮の境目にある基底膜の上に並ぶ一層のことです。個々の基底細胞が約２週間のサイクルで分裂して角化細胞を生み出します。あとから生まれた細胞によって角化細胞は押し上げられていき、やがて角質層に到達し、角質細胞になります。最終的に垢となって剥がれ落ちていきますが、それまでの２週間、角質層で働きます。角質細胞になるまで２週間、剥がれ落ちるまで２週間かけて、肌は絶えず生まれ変わります。先にお伝えしたように、**肌は28日間でターンオーバーしている**のです。血液から受け取る栄養分と酸素が、こうした働きをするためのエネルギーになります。

メラニンをつくるメラノサイトがあるのも基底層です。メラニンと聞くと、シミを連想してしまいます。ですが、シミを作るためのものではありません。実は、紫外線を吸収し、

DNAが紫外線でダメージを受けることを防いでいます。強い紫外線を浴びると、吸収しなければいけない量も増えるため、活発につくられます。もともと褐色、あるいは黒色をしているため、量が増えると、肌の色を徐々に黒化してしまいます。しかし、黒化は基底層で起きるわけですから、ターンオーバーがしっかりおこなわれれば、最終的には角質細胞とともにはがれ落ちていきます。夏場、海やプールで日焼けしたとしても、時間が経つと元通りになりますね。一時的な日焼けなら約一カ月後には消える仕組みになっているのです。

ただ、28日でターンオーバーするというのは、目安でしかありません。たとえば日焼けをすると、皮がむけたり、ケガをすると、かさぶたができたりします。これは、肌にとっては大きなダメージです。そこでターンオーバーを急ぎ、正常な肌に少しでも早く近づこうとします。しかし、急ぐと、角質細胞の成長は追いつきません。不完全な細胞しかできず、保水力もバリア力も弱い角質層になってしまいます。そうなれば、肌は乾燥しやすく、さらにダメージを受けやすい状態がしばらく続きます。ターンオーバーが遅くなることもあり、老化や紫外線のダメージなどで、働きも鈍くなります。垢となって剥がれ落ちるまでの時間が長引くわけですから、角質層が古くなっても肌表面にとどまることになります。シミやキメの乱れがある肌になってしまうのです。

化粧水の99%はただの水

肌表面に水分を与えるために、私たちは化粧水を使います。しかし**表皮には、与えられたものを受け止める機能はありません**。あるのは、肌内部の保水力を上げるための機能、自分の力で生まれ変わる機能です。また、**角質層が荒れていると、水分を与えても蒸発してしまいます**。このとき、角質層に含まれる水分も奪っていくので、さらに乾燥させることにもなりかねません。それなのに、なぜ化粧水で外から水分を入れるのでしょうか？

化粧水の99%は水です。有効な成分も入ってはいますが、微々たるもの。また、品質を保つため、保存料なども入っており、一部のものは害があるともいわれています。化粧水を使わなくとも、洗顔後、顔に残る清潔な水分を利用すれば、スキンケアはできるはずです。

顔に残った水分の上に椿オイルを広げると、油分と水分が競合するので乾燥を防ぐことができます。それに、理想的な皮脂膜をしっかりつくることもできるので、さまざまなバリア機能が働きます。つまり、化粧水をつけなくても、化粧水をつけるのと同じ効果が得られるのです。

日本の水は肌に害を与えない

「水道水を化粧水代わりにするなんて！」と驚いた方も多いかもしれません。「日本の水は安全ですから」といっても、水の中にはトリハロメタンという物質が含まれていて、中には「発ガン性物質だ」という人もいます。しかし、水道水の中に含まれるトリハロメタンの量は、生涯にわたって飲み続けても人の健康に影響を生じない量で、安全性を十分考慮して水質基準が定められています。日本の水は、肌に害を及ぼすようなことはありません。

私自身、海外生活を経て、日本の水の良さを心から実感しました。

イギリスにいたときのことですが、水を使うと肌が荒れるのです。私以外にも、肌荒れに悩む日本人が多くいました。旅行などで経験した方もいらっしゃるかもしれませんね。なぜこうしたことが起きてしまうのでしょうか？　それは、ヨーロッパの水が「硬水」だからです。

そのため私は水の代わりに、化粧水で汚れを落としました。数年前に「フランス人はミルククレンジングでメイクを落とす習慣があります」という紹介とともにミルククレンジングが売られていました。そこには、高い美容意識から生まれたというより、「硬水」という切実な問題があったのです。

では、なぜ硬水では肌が荒れるのでしょうか？　石けんは、水道水中のカルシウムやマグネシウムと反応して、脂肪酸カルシウム、脂肪酸マグネシウムをつくり出します。いわゆる〝石けんカス〟です。

肌をすすいだとき、泡が切れると肌が「キュキュッ」となることがありますよね。「石けんが落ちた」と思いがちですが、これによって実は、石けんカスが肌に残り、肌を覆っている証拠なのです。これでは皮脂膜がつくれないため、皮膚が荒れてしまうのです。

日本は幸い、肌にも安全性の高い「軟水」ですから、こうした心配はありません。スキンケアにも充分活かせるということです。

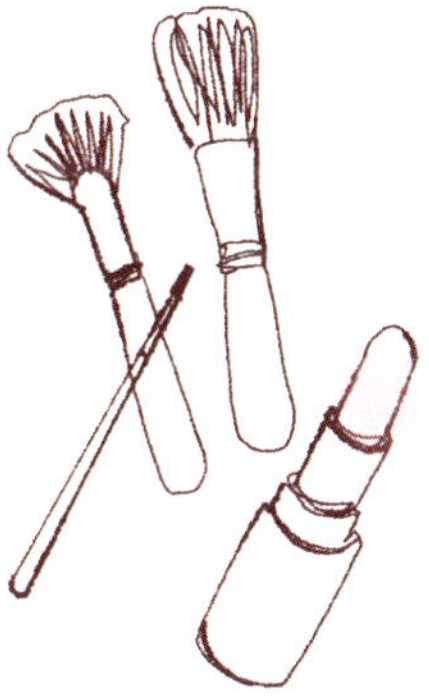

7 洗顔で真皮は育つ

その美容液、本当に真皮まで浸透していますか？

続いて、真皮《しんぴ》のお話をします。〝真〟の文字が付くためか、健康で美しい肌をつくるためには表皮より真皮のケアを大切にしたほうがいいというイメージがあるかもしれません。「奥まで浸透」「肌内部の力を引き出す」といった化粧品のうたい文句は、とても魅力的に感じるものです。私も肌理論を学ぶまでは、飛びついていました。でも、順を追って理解していくと、ちょっと疑問も湧いてきます。真皮に対して実際にはどんなケアができるのか、考える必要がありそうです。

真皮は表皮の内側にあります。また最上部は、もう一度22ページの図を見ていただきたいのですが、基底層を境に、表皮と凹凸にかみ合うようにくっついています。厚さは1～3ミリメートル。とても薄く感じますが、表皮の厚さの10倍にもなります。

真皮には、線維芽細胞《せんいがさいぼう》というとても重大な責任をもつ細胞があります。真皮をつくる主なものは、線維状のタンパク質である「**コラーゲン**」、「**エラスチン**」、「**ヒアルロン酸**」の3つです。血液から運ばれてくる酸素と栄養分をエネルギーとし、これらすべてを線維芽細胞が生み出しています。真皮が別名「線維層」と呼ばれるのは、線維芽細胞の存在が大きいからでしょう。コラーゲンは、真皮の中で網目状に伸びていて、弾力を出します。さらにそれを、同じように弾力性があるエラスチンがつなぎとめ、コラーゲンがつくる網の目がうまく伸び縮みできるようにしています。その間はゼリー状のヒアルロン酸が埋めているのです。これら3つが相乗効果を発揮できる構造をとることで、肌のハリや弾力をつくり出しているのです。また、**真皮の重さの60～80%は水分で、表皮への水分補給の源であるとともに、柔軟性をつくり出します**。

線維芽細胞が活発に働いている間は、コラーゲン、エラスチン、ヒアルロン酸がスムーズにつくりだされます。そのため、ハリや弾力、みずみずしさのある肌を保つことができます。しかし、線維芽細胞は老化や紫外線などでダメージを受けやすいものです。働きが衰えると、ハリや弾力がゆるんでしまうため、結果的に肌表面にシワやタルミが現れます。**働きが鈍るのは、20代後半からだといわれています**。ある調査では、女性が自覚する「お肌の曲がり角」の平均年齢は30歳だったそうです。線維芽細胞の働きが鈍ることと関係しているのかもしれません。

また、線維芽細胞は、古い組織を酵素で分解して壊し、真皮の組織をリフレッシュしています。そのターンオーバーは、表皮に比べると、かなりゆっくりです。数ヶ月から数年の単位といわれています。

ドラッグストアなどではよく、コラーゲンやエラスチンなどの成分がたくさん入った美容液が売られています。「コラーゲンやエラスチンが入っているのだから、真皮に届くっていうことね」という気になってしまいますが、肌の構造上、それらが届くとしたら、**角質層まで**です。真皮は血液から届く酸素と栄養分をエネルギーにしているのですから、「臓器」と考えるべきです。

良いといわれるものでケアすることは、女性にとって、気持ちの面でプラスに働くということもあるでしょう。ですが、**肌の構造にしたがった方法でケアしてこそ、本物の効果が現れるのです**。

真皮対策のポイントは「温度」

美容液が届かないなら、使う必要がないということです。しかし、ハリも弾力もみずみずしさも、真皮がつくり出します。真皮に何もケアができないのは困ってしまいますね。

では、どんな有効なケアが考えられるでしょうか？

コラーゲンの入ったものをたくさん食べ、体内から届ければいいという考え方もできます。コラーゲンドリンク、コラーゲン鍋……コラーゲンと冠したものはたくさんあります。翌日にはお肌プルプルですよ！　といわれれば、食べずにはいられません。ところが実際は、コラーゲンはタンパク質ですから、食べると体内で吸収され、アミノ酸に分解されてしまい、体全体に届けられます。**顔だけに集中的に成分が届くわけではないのです**。

最近、口から入るコラーゲンでも間接的に効果があるという研究も出てきましたが、一般的な食品から得られる効果ではないようです。特別なサプリメントなどに頼らず、誰でも簡単にケアできることが理想的です。

美容液に頼る前にするべき大切なこと

ここで、真皮の血液の働きに注目してみましょう。

真皮には、血管やリンパ管、さまざまな感覚受容器と、それに連なる神経が分布しています。血管は真皮全体に分布し、真皮のさらに奥の皮下組織にある動脈や静脈につながっています。線維芽細胞が必要とする酸素や栄養分は、心臓から全身に張りめぐらされた動脈を通じて運ばれてきます。しかし、動脈は血液を目的地付近に届けるだけ。実際に酸素や栄養素を届けてくれるのは、毛細血管です。

また、血管は体温を調節するためにも働いています。暑くなると拡張し、血液を多く流して体外に熱を逃がそうとします。寒くなると収縮し、表面の血液を少なくして熱が逃げるのを防ごうとします。この2つの性質から、誰でもできるケア法が見えてきます。

真皮のケアですべきことは、カギとなる線維芽細胞に栄養分や酸素をしっかり届けること。そのためには、**血流を良くする必要があります**。血管が体温調節で拡張・収縮する性質を利用し、洗顔時にぬるま湯と水を使うと、その**温度差で血流を促すことができる**のです。

真皮がターンオーバーするには、長ければ数年かかるとお話ししました。これを考えても、**今ある線維芽細胞の働きを高めることこそ意味があるのです**。

ぬるま湯と水が美人のカギ

中には、寒さで働きが鈍るのでは？　夏は良くても冬の朝、水を使うのはイヤ！　という方もいらっしゃるでしょう。でも、**水は、冷たければ冷たいほどいいのです**。なぜ冷たい水がいいのでしょうか？

秋田美人という言葉をご存じですよね。秋田県だけでなく、日本海側の都道府県に住む女性は肌が白く、美しいといわれています。その謎については諸説ありますが、気候の影響が大きいと考えます。特に、冬の気候が大きく影響していると思います。

日本海側は、比較的雪が多く、世界有数の豪雪地帯でもあります。冬になるとユーラシア大陸からの冷たく乾燥した風が、対馬海流の湿った風を冷やし、雪を降らせます。こうした気候のため、冬は特に日が射すことが少なくなります。

肌が白く美しい理由のひとつは、紫外線が少ないこと。そして、実際外に出られる日も限られてしまうので、紫外線を浴びる日が少ないことが挙げられるでしょう。もうひとつは、寒く湿度が多い気候が肌を鍛えているからだと考えます。

人間は恒温動物です。外気温が下がれば、身体を冷やすまいと身体が反応し、血流が促進されます。生活の中で寒さに長くさらされれば、常に血流が増えるため、肌の機能が落ちることはありません。むしろ、**寒いことで、肌の機能が目覚め、高まっていきます**。

さらに、日本海側は湿度が充分で、乾燥の悩みがないことも肌にとってうれしい環境です。こういった環境が、美人を生み出すと考えます。

冷たい水で洗顔することを習慣づけると、血流が活発になります。**蛇口をひねるだけで手に入る「ぬるま湯」と「水」で美しい肌を育てることができる**のです。すばらしいと思いませんか？

8 現代の椿オイル事情

ドライアイにもやさしい椿オイル

うれしいことに、日々、椿オイルの用途は広がりを見せています。

椿オイルにも、人間が分泌する脂肪成分にも、それぞれオレイン酸がたっぷり含まれていることが証明されて、椿オイルは人間の身体にとってほとんど自然の成分であり、安全なものだと断言できるようになりました。高い安全性は、次のように活かされています。

女性が抱える現代病のひとつに、「ドライアイ」があります。ドライアイとは、涙の量が少なくなり、目の働きが悪くなる症状です。目が乾いたり、ゴロゴロしたり、ひどくなると、痛みや充血も生じるそうです。ドライアイの症状が知られるようになったこともあり、眼科を受診する人も増えているといいます。

このドライアイが増えている原因のひとつが、「アイメイク」だといわれています。アイラインやインナーラインを引く〝目力アップ〟メイクは、自分の気付かなかった魅力を引き出してくれたり、コンプレックスを解消してくれます。ですから、一度すると続ける方がほとんどです。私も必ずしています。ですが、こうしたアイメイクが目の乾きを加速させてしまう側面もあるそうです。

上下のまつ毛の内側には、マイボーム腺《せん》という分泌腺があります。油分を分泌し、涙の成分に油分を加えて油膜をつくり、涙の蒸発を防いでいます。アイメイクをすると、このマイボーム腺の出口を化粧品の油分が塞いでしまうことがあるそうです。こうなると、油分の分泌がなくなり、水分である涙が蒸発してしまいます。こうしてドライアイが起きてしまうこともあるのです。

「でもアイメイクはやめられないし……」と悩んでしまいますよね。でも、これは、椿オイルでメイク落としをするだけで防ぐことができます。椿オイルを含ませたコットンをまつげとまつげの間に挟み、パチパチと目を開閉してアイラインやインナーラインを落とします（93ページで詳しくお伝えします）。すると、メイクが落ちるだけでなく、目の表面に足りない油分を補うことができるのです。皮脂と椿オイルは同じ成分です。目に入っても、何も問題ないことは明らかですね。

　年をとると皮脂の分泌が弱くなるため、ドライアイになりやすいといわれています。「指で軽く目の縁に椿オイルを置いておくだけで楽になる」と、八十歳を過ぎた私の姑もいっています。

授乳時の乳首ケアにもやさしい椿オイル

　また、授乳時の悩みも、椿オイルが解決します。

　最近、母乳育児を選ぶ人が増えています。栄養面で優れるだけでなく、親子のふれあいができるからでしょう。粉ミルクよりも嗅覚や味覚が育つうえ、哺乳瓶を使うよりあごや顔筋も発達するなどのいい影響がたくさんあるといわれています。しかし、お母さんの乳首が切れてしまうという悩みは切り離すことができません。「赤ちゃんが口に含むし、授乳しないわけにはいかないので、何も薬はつけられない。ひたすら痛みに耐えている」という話も聞きます。これではあまりにもお母さんが大変ですし、赤ちゃんが血を吸ってしまうことにもなります。やはり対処する必要があります。

こうした悩みに対し、お医者さんや助産師さんが薦めているのが、椿オイルを乳首に塗ることです。これで乳首をケアできます。もちろん、赤ちゃんの口に入っても安全です。

日焼け止めのダメージからも守る

そして、新たな研究では、椿オイルに紫外線から肌を守る働きがあることもわかってきました。

日焼け止め製品は大きく分けて2種類あります。紫外線吸収剤は、化学的な仕組みでエネルギーを吸収し、紫外線が肌内部に入るのを防ぎます。紫外線散乱剤は、物理的な仕組みで紫外線を散乱、反射させます。

椿オイルで肌を均一に覆うと、散乱剤に近い働きをすることが明らかになっています。紫外線のダメージを防ぐことまではできないのですが、普段のスキンケアと同時に最低限の対策ができるのはとても効率的です。日焼け止め製品が苦手な方も、肌に親和する椿オイルなら安心して使えるでしょう。

私は日焼け止めを使う際は、**ＳＰＦ30以下のもの**をオススメしています。**数値が50を超えるものだと、紫外線吸収剤と界面活性剤が肌荒れを引き起こし、乾燥しやすい肌をつく**

る場合もあるからです。ですから、肌を守る意味でも、まずは椿オイルを塗り、そのうえにSPF値の低い日焼け止めを塗るようにします。すると、**椿オイルがバリアの役割を果たします**。メラニンが定着しにくくなるので、少し日に焼けても、本来の肌に戻りやすいという特徴があるのです。

9 1300年前から日本人が使っていた椿オイル

本当にいいものは、時代を超えて使われる

椿オイルがシンプルで、かつ健康で美しい肌をつくることがわかり、興味が沸いてきたのではないでしょうか。一方で、「昔の人が髪に使っていたあのオイルがそんなにいいの？」と思ってしまいますよね。

確かに、椿オイルには古くさいイメージもあるでしょう。しかし、その長い歴史をのぞいてみると、時代が移り変わっても変わることのない、椿オイルと日本人との関係が見えてきます。

油の歴史がはじまったのは、かなり早かったと考えられています。火をつくり出すことを覚えた人間は、火を絶やさない方法として、油を生み出したと考えられています。竪穴式住居にも、灯火《ともしび》の跡があるそうです。

〝ツバキ〟が日本の歴史文献に最初に登場したとされているのは、奈良時代に完成した「古事記《こじき》」です。「都婆岐」と書かれており、椿の幹を土グモ退治に使っていたとあります。椿オイルも、このときにはすでに存在していたとみられています。

飛鳥時代から平安時代前期にかけて派遣された遣唐使《けんとうし》は、献上品のひとつとして椿オイルを唐に持って行ったとされています。それは日本有数の椿の島であり、遣唐使船最後の寄泊地だった長崎県五島《ごとう》列島の椿オイルだった、ともいわれています。

ちなみに、何といって献上したと思いますか？　当時は「眼病の薬」として持って行ったとされています。椿オイルに薬という感覚はないかもしれませんが、現在、厚生労働省が定める医薬品の規格基準書である「日本薬局方」にも「ツバキ油」として記載されています。もちろん眼病の薬ということではなく、注射基剤等に使われているそうです。しかし、薬局方は薬剤師にとってバイブルのようなものですから、まぎれもなく薬剤の一種とも考えられるでしょう。

平安時代には、「延喜式《えんぎしき》」という法典に「ツバキ油を税として徴収」していたという記載があります。すでに椿オイルの精製が広まっていたのでしょう。

また平安時代は、美人の決め手は「髪」でした。長くまっすぐで、そして黒く光沢がある髪が好まれていたとされています。税として徴収した椿オイルは、宮中の女性たちの手に渡っていたのではないかと想像できます。

武士の時代になると、刀のサビ止めに使われました。時代劇でお侍さんが和紙をくわえ、刀を手入れしているシーンを見かけます。あれは、椿オイルを塗っているのですね。

舞妓さんも愛用する椿オイル

広く髪のケアに使われるようになったのは江戸時代になってからです。男女問わず、髪を整え、髪型を維持するための鬢《びん》付け油（鬢とは耳ぎわの髪のこと）にしたようです。椿の産地では、幕府から要請があり、特別に年貢として椿オイルを納めていたという記録も残っています。大奥の女性たちにもまた、好まれていたのかもしれません。

鬢付け油の文化は、現代もお相撲さんの髷《まげ》結いに引き継がれています。髷は、髪に椿オイルをつけ、椿オイルをたっぷり浸透させた櫛《くし》で結い上げます。一説には、お相撲さんに髪の薄い人が少ないのは、椿オイルの効能ともいわれています。

舞妓さんは髪のケアだけでなく、化粧落としにも使っているそうです。彼女たちは毎日のように、顔や首に厚い白塗りをします。やはり肌に負担がかかるため、最初のうちはかぶれてしまうこともあるようです。ですから、化粧落としは大切にしているそうです。そんな舞妓さんが椿オイルに信頼を寄せているのはうなずけます。

江戸時代は高級品として知られていた

当時は食用油としても価値があったようです。江戸時代に天ぷらが広まりましたが、一般的には手に入りやすい菜種《なたね》油を使っていました。一部の料理茶屋や大名家では、椿オイルをてんぷら油として使っていたようです。

椿オイルで揚げた天ぷらは「金ぷら」と呼ばれていたというほど。江戸幕府を開いた徳川家康も、この金ぷらを食べていたと考えられています。私も金ぷらをいただいたことがありますが、とてもおいしかったことを覚えています。酸化しにくいため、時間をおいても天ぷら特有の油くささがまったくなく、沸点が高いためカラッとして、べたつくこともありませんでした。特に野菜を揚げると、違いがよくわかります。

ただ、椿の実の収穫量は多くありません。また、硬い種からつくるため手間もかかることから、徐々に高級品になっていきました。一時は表舞台から遠ざかってしまいましたが、一方で、虫刺されや、やけどの患部にすり込むといった生活の知恵もさまざまな形で伝わり、伐採した木も、捨てるところがないくらい活用されてきたそうです。幹は木質が硬いため、火の持ちが良い炭になります。灰は染料になります。種の搾りかすは、植木鉢などの虫除けに使われてきました。

近年は、日本の伝統や文化の良さをもう一度見つめ直そうという機運の高まりからか、椿を使った新商品が出ています。シャンプーの大ヒットは記憶に新しいですね。日本の女性が持つ美しい黒髪とそれを昔から守ってきた椿オイルのイメージが合致したのでしょう。

ファストファションブランドでは、生地に椿オイルを練りこんだ肌着を販売しました。椿オイルの保湿成分のおかげで、しっとりとソフトな肌触りの生地になるそうです。

椿は冬に花を咲かせます。冬枯れの中、凛とした美しさを見せる椿の花から、私たちが力を感じないはずはありません。椿オイルが今日まで脈々と息づいてきたことに不思議はないでしょう。

安全なものは効果がない？

椿オイルが、昔から愛され、幅広く使われてきたことは、私たちにとって、とても安全なものであるという証にもなります。

椿オイルの85％以上を占めるオレイン酸は皮脂の成分ですから、身体につけても、食べても、安全性が高いのです。ただ、スキンケアに使うことを考えたとき、「安全ということは積極的な働きかけがないのでは」と考えてしまうかもしれません。毒を以て毒を制すということわざもあります。強いスキンケアのほうが、効果が高いように思われる方もいらっしゃるでしょう。

また、「好転反応」という使い勝手の良い言葉もあります。これは、不調が快方に向かう途中で、身体に悪化したような症状が出ることです。不安になりますが、好転反応は良くなる前ぶれなので仕方ない、と思いがちです。しかし、健康で美しい肌をつくるために、そんな危険を冒す必要などありません。

漢方の生薬を「上薬《じょうやく》」「中薬《ちゅうやく》」「下薬《げやく》」の３つに分ける考え方があります。「上薬」とは、西洋薬のような特効薬的な効果はないものの、副作用がなく、毎日摂取して体質を強化するなどの効果があるもの。代表的なものに、朝鮮人参があります。「中薬」

は少量か短期間の摂取なら毒性がなく、穏やかに作用するもの。「下薬」は治す作用が強いもの。そのため、摂取量や期間にも気を配らなければなりません。椿オイルはまさに「上薬」の概念に近いと考えられます。

肌が美しくなったからといって、スキンケアをやめませんよね？　日々、無理なく続けることで心地よく肌が保てます。長く付き合っていくのですから、心身に負担がない美容法を選ぶことが大切でしょう。

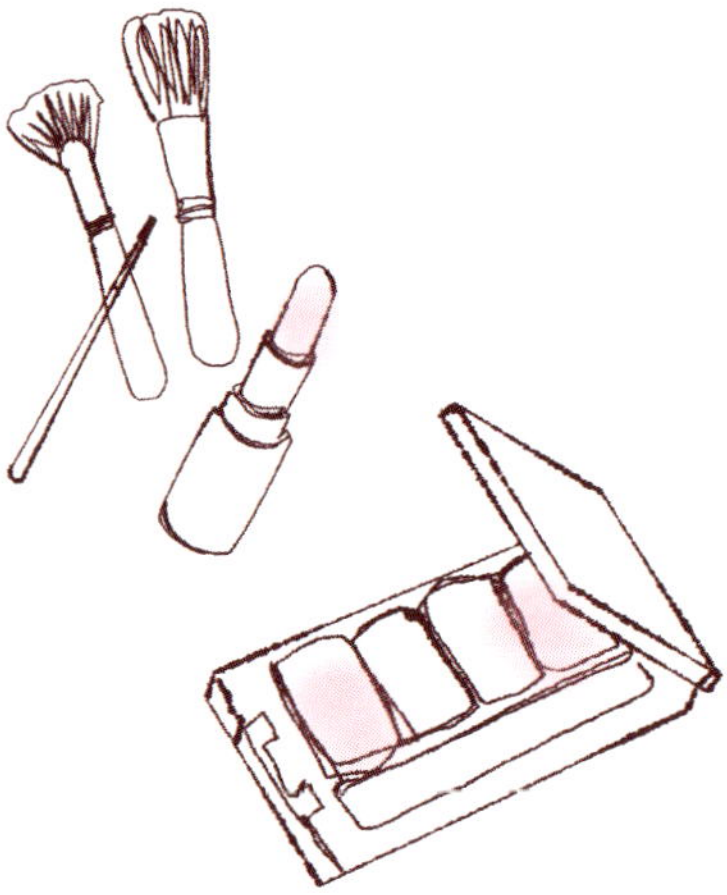

10 国産の椿オイルと外国産の椿オイル

私が国産の椿オイルをすすめる理由

これまで、何度も「椿」という単語を使ってきました。椿オイルがあらわす「椿」は本来、植物学上**ヤブツバキ**といって、日本に自生している、つまり野生の椿を指します。庭や公園などにある椿は、ヤブツバキではなく園芸品種です。現在、２００種を超える園芸品種がありますし、外国にも椿は渡っていますから椿オイルにも、外国製のもの、ブレンドされたものも多くあります。純粋な椿オイルは本当に限られているのです。私は、ヤブツバキを原料にした伝統ある椿オイルにこだわっています。その中でも特に、長崎県五島列島でつくられる椿オイルに注目しています。

国が支援する椿特区・長崎県五島列島の取組み

五島は、地形も気候も荒々しいことで知られています。急な崖や複雑な入り江……リアス式沈降海岸が多くあります。対馬暖流の影響を受け、夏には台風、冬は東シナ海からの季節風が強く吹きつけます。塩害や風害もあり、植物は成長しにくいといわれています。そんな環境でもたくましく育っているのが、ヤブツバキなのです。

ヤブツバキが荒れた崖っぷちに根をおろし、枝を広げ、風雪に耐えている姿は雄々しくもあります。花がない時季には、椿だとわからないかもしれません。でも寒さの中、美しく力強い深紅の花を咲かせ、やがて実をつけていく様は、神々しさすら感じます。神棚にあげる榊《さかき》は、ツバキ科に分類されます。神が宿る木である榊と椿に関連があるということも偶然ではないでしょう。もちろん、ヤブツバキが生えているのは五島だけではありません。しかし、こうした荒々しい環境の中で育ち、生命力に満ちた種を原料にする五島の椿オイルに、私は力強さを感じてしまいます。

椿と五島の間に、感慨深い歴史があることも惹かれる理由です。

五島には、江戸時代末期からのキリシタン弾圧と迫害の歴史があります。長崎県は日本で最も教会が多いといわれていますが、中でも五島には、約50もの教会が点在しています。教会を訪れると、椿の花や葉がステンドグラスや装飾のモチーフになっていることに気付きます。

ヨーロッパでは、教会に薔薇の花が飾られます。その花が聖母マリアを象徴する花だからです。五島に教会が建てられた頃、五島には薔薇がなかったそうです。そこで、キリシタンは薔薇の花に似た椿の花に心を寄せました。強い迫害の中、潮風に耐えひっそりと咲く椿に、自分たちの姿を重ね合わせたのでしょう。

現在、長崎の教会群とキリスト教関連遺産を世界遺産に登録しようという動きがあります。2015年1月には、政府の推薦書が正式にユネスコへ提出されました。

五島市と新上五島町《しんかみごとうちょう》では、椿で地域振興を推進するため、日本一、世界一の椿の島を目指す取り組みを進めています。2012年には、国が支援する「椿特区」にも指定されました。椿林の整備、地場産業としての椿商品の開発、椿園を目玉とした観光産業の振興などの取り組みがはじまっています。

精製方法へのこだわり

中でも椿オイルの生産には力を入れているため、精製方法も徹底しています。

まず原料の椿の種は、落下したものではなく、手摘みしたものを使用します。地面に落ちた種も見た目は何も変わらないのですが、虫が入っていたり、土や汚れがついたりして、不純物が混ざりやすくなるそうです。不純物が多いと精製を繰り返す必要が出てくるため、椿オイルの効果効能が弱まってしまいます。そのため、摘果期にある種を手摘みしているそうです。

五島にある多くの精油所では、加熱精製の中でも温熱精製を取り入れています。加熱すると、においと不純物をなくせます。粒子が細かくなるので、肌にやわらかい油になります。ただ、温度管理をしなければ品質が落ちてしまいます。椿オイルの沸点は120℃くらいといわれているので、80℃くらいを守って精製します。細部にまで気を配ることで、最高の椿オイルを生み出しているのです。

私も椿オイルの研究をはじめるようになってから、たくさんの方にお会いしました。中でも椿の研究、栽培の第一人者である中山幸男氏のおかげで、私のオリジナルブランドとして美容用の椿オイルを製造・販売できるようになりました。たくさんの方の後押しを受け、今、オリジナルブランド「ＳＮカメリアオイル」は、多くの方に愛される存在となっています。

11 身土不二は肌にも効く

人間はその土地の恵に守られる

「身土不二《しんどふじ》」という言葉をご存じでしょうか。「**人間の身体と土地は切り離せない関係にある**」ということです。もともと食べ物に関連付けて使われていて、その土地でその季節にとれたものを食べるのが健康に良いという意味です。農作物の長く伸びた根や密に生えた根を見ると、土の中にある水分や栄養素を吸収して成長しているのを感じさせられます。私たちはこうした恵みをいただいているのです。土地が私たちの命をつなぎ、健康を支えてくれていることもうなずけます。旬の新鮮な食べ物をいただくと、生命力を授かるような感覚も覚えるものです。

実際に、寒い土地では身体を温める作用を、反対に、暑い土地では体を冷やす作用を持つ農作物が多くとれます。たとえば、夏の暑い盛りに旬を迎えるキュウリやトマト、スイカなどは、水分やカリウムを多く含んでいます。利尿作用で体を冷やすのです。また、肉類を多食してきたアメリカ人と、穀物や野菜を中心にしてきた日本人とでは腸の長さまで違うという説もあるのですから、身土不二の不思議を感じずにはいられません。

私は、身土不二は**肌にも充分当てはまる**と思っています。

たとえば、アーユルヴェーダ。これは、伝承医学から生まれた考え方で、人々の健康を守り、長生きできるようにと、5000年以上も前にインドやイスラム地方で生まれました。アヴィヤンガと呼ばれる全身オイルトリートメントやシローヴィヤンガ（シロダーラ）といって、額にオイルを垂らすトリートメントなどがあります。また、日頃から、自分の暮らす土地でとれたものを食べることも大切にしています。こうすることで体内の毒素を排出することができ、若々しい美しさが手に入るといいます。

オイルはセサミオイル、白ゴマを圧搾してつくる透明のゴマ油を使います。インドやイスラム地方に根付いていたオイルです。ゴマは、ビタミン類やカルシウム、マグネシウムなどのミネラルが豊富で栄養価の高いことで知られていますね。セサミオイルには、オレイン酸が約40％含まれていて、他のオイルより粘度があります。若々しさを保つ効果以外に、体を温める効果もあります。体に塗るとその場所がポカポカと温まり、皮膚が柔らかくなっていきます。

私は外国人の友人に肌を触らせてもらう機会も多くあります。それぞれの肌には別々の特徴があります。黒人は皮脂量が多く、キメが細かいうえに、弾力も大変ありました。白人の肌は、表面は整っているように見えるのですが、水分量が少ないためハリがなく、ふにゃふにゃです。そしてインド人の肌は、比較的、日本人に似ていましたが、彼女たちのほうが水分量が少ないようにも感じました。こうした肌をもったインド人にとって、粘度のあるセサミオイルはとても有効でしょう。

また、インドには、夏の気温が40℃を超える地域もあるそうです。酸化しにくく長期保存の可能なセサミオイルは、そんな気候にも強いといえます。

セサミオイル同様、オリーブオイルも、イタリア、スペイン、ギリシャなど、地中海に面した地域で好んで使われています。地中海沿岸では、古くから野生のオリーブが自生していたようで、原産地は地中海東部と考えられています。

その歴史は古く、古代オリンピックを開催していた古代ギリシャ、建築に力を入れたローマ帝国でも活用されていたようです。

たとえば、闘技者たちも、建築に従事していた人々も、身体全体にオリーブオイルを塗り、厳しい太陽から肌を守っていたといわれています。身体を温め、動きやすくなる効果があるため、身体を動かす彼らにとって欠かせなかったようです。

また、闘いや建築で傷を負ったり、打撲したときの処置にも使われていたようです。身近な存在であったオリーブオイルが、その土地の人々の身体を守っていたのですね。その後も、食べる、飲む場面はもとより、儀式に、灯火に、マッサージにと、さまざまな場面で重宝されてきました。香水と混ぜて香りを楽しむ風習もあったといわれています。

日本でも、ヨーロッパで長く重宝されているオイルがあると知り、明治時代に入ってから、オリーブの木の栽培を試みました。しかし、その当時は長続きしなかったようです。日本の土で自然に育てることができなかったのです。やはりその土地その土地によって、使うもの、効果があるものは違っていて当然なのかもしれません。

日本の美容業界でも好まれる身土不二

フィトセラピーにも身土不二の考え方は通じます。

フィトセラピーとは、植物療法といい、身体の不調、肌のトラブル、病気の予防などに植物の治癒力を用いる伝統医療です。日本でもここ数年、この考え方をベースにしたハーブの化粧品や施術が目立つようになってきました。ハーブですから、そのままヨーロッパの考え方を取り入れているかと思うと、意外と〝国産〟であることを強調するメーカーが多いことに気付かされます。日本人を意識した植物の選定や組み合わせを設定しているのです。Made in Japan の大きな信頼性というのもあると思いますが、消費者にもメーカーにも、身土不二の想いがあるようです。植物の力に頼るものだからこそ、日本の土で育った植物でなければ私たちの心身には調和しないと考えているようなのです。

さまざまな化粧品や美容法にアンテナを張ってきた私が、こうして椿オイルに引き寄せられたのも、身土不二がそうさせているのかなと思います。

みなさんも、迷われたときは、生まれた土地のものを使ってみてはいかがでしょうか。

椿オイルは、日本にもたらされてから、１０００年以上もの時を経て今に至ります。その間、髪の健康のために髪の毛に塗ったり、肌に塗ったりと、日本人の身体を通じてさまざまな使い方が試されてきました。それでもまだ使われ続けているということは、使って安心できる部分があるのだと思います。

その土地でできたものがその土地の人の身体、肌、そして心にも、一番合うはずです。

椿オイルを美容オイルとして10年間使い続けてきた私と生徒たちが美肌を保ち続けていることが、その証ともいえます。

第2章

美肌のすべての基本！
汚れを落として
潤いも補う洗顔法

リフトアップマッサージ

保湿効果とリフトアップ効果があります。

洗顔後に顔に残った清潔な水分と椿オイルをなじませ、皮脂膜をつくります。洗顔中は下を向き続けるため、顔の筋肉が下がり、呼吸が浅くなります。リフトアップマッサージは、その筋肉の下がりと浅い呼吸を元に戻すとともに、たるみ対策・小顔づくりができます。

メイク落とし

椿オイルを使ってオイルクレンジングをします。

押し拭きを徹底し、メイクを肌に残しません。洗浄剤を使わないため、肌に害がなく、菌やウィルスの発生を抑える常在菌を生かすこともできます。

その他

あなたの日々のルーティンや体調、目的に合わせ、次のメニューを取り入れてください。理想は毎日おこなうことですが、まずは楽しみながら無理のないケアをすることが大切です。

アイスキューブマッサージ

シミやニキビ跡を集中的にケアしたいとき／生理前など肌のべたつきがある時期／化粧崩れを抑えたいとき

ネック&デコルテケア

首のシワを解消したいとき／顔と首に色の差があるとき／胸まわりの開いた服を美しく着こなしたいとき

ボディマッサージ

リンパの滞りをなくしたいとき／冷えを緩和したいとき／身体の乾燥が気になるとき

「お金をかけずに、有効なスキンケアをしたい」

「シミもたるみも美容整形で消したけど、肌のバランスが崩れてしまった。美しい肌を取り戻したい」

カメリアオイルメソッドは、成分そのものに頼る美容法ではなく、自分を鍛える美容法です。それは、女性のさまざまな願いを叶える美容法なのです。

椿オイルで美しくなる！
カメリアオイルメソッド

ここからは、私がふだん、生徒やサロンのお客様に提供している美容法「カメリアオイルメソッド」を具体的に紹介します。

「カメリアオイルメソッド」は、その名の通り、メイク落としからスペシャルケアまでを椿オイルだけでおこないます。今、みなさんの化粧台や洗面台には、複数のスキンケア製品が並んでいることでしょう。そのすべてを使わなくても、シンプルかつ効果的なスキンケアができます。

毎日の基本スキンケア

〈朝〉

❶ 温度差洗顔
❷ リフトアップマッサージ

〈夜〉

❶ メイク落とし
❷ 温度差洗顔
❸ リフトアップマッサージ

温度差洗顔

33℃のぬるま湯と水の温度差を利用し、血流を促します。
新しい細胞を生み出し、角質層まで送り出す「基底層」と、真皮を支えるコラーゲン・エラスチン・ヒアルロン酸を生み出す「線維芽細胞《せんいが》」は、血液から運ばれてくる栄養分や酸素をエネルギーにしています。血流を促し、栄養分と酸素をたっぷり届けましょう。

1 肌を傷める3大要素
「こする・とかす・日焼けする」を防いでお肌を守る

「こする・とかす・日焼けする」は、肌を傷める大きな原因になります。**肌は自分の力で正常に戻り、美しくなります**。そのため「こする・とかす・日焼けする」を避け、肌をダメージから守ることは、とても大切です。

カメリアオイルメソッドでは、「こする・とかす・日焼けする」をしないことが鉄則です。

①こする(ひっぱる)

たるみが気になってきたり、むくみが出ている朝は、嫌ですよね。鏡を見ながら、気になる部分をこすったり、ひっぱったりしたくなるものです。しかし、絶対にやめてください。それは、肌に悪い刺激しか与えません。

肌をこすると、角質層を荒らしてしまいます。角質層が荒れると、保水力が落ち、乾燥が進みます。バリア機能も弱まってしまいます。

摩擦を感じると、肌は防御反応を示します。メラニンをつくって肌を守ろうとするために、シミ、くすみ、黒ずみなどの色素沈着を招くことがあるといわれています。

もし、目のまわりのくすみに悩んでいるなら、自分のクセを見直してみましょう。知らず知らずのうちに目をこすっていませんか？　**こするのをやめるだけで、随分と目のまわりの肌のトーンが明るくなります**。

こすることは、たるみにもつながります。顔の筋肉は、ゴムに似ています。伸び縮みしますが、ずっと繰り返しているうちに、伸びたままで元に戻らなくなってしまうのです。

たるみを引き上げるマッサージをしたいときは、直接気になる場所を触るのではなく、**髪の中や髪の生え際から引き上げるようにしましょう**。美容整形の手術で、頭皮を切開することが多い理由をご存知でしょうか？　竹林の地面が固いように、頭皮は髪が生えているため丈夫で、伸び縮みに強いからです。

「こする」は、メイク落としの際も絶対にＮＧです。後ほど詳しく説明しましょう。

❷ とかす

クレンジング剤や洗顔料には、合成界面活性剤が入っているというお話をしました。合成界面活性剤は、うろこ状になっている肌表面のうろこを徐々にはがし、とかしていきます。毎日使っていれば、角質層は荒れ、薄くなってしまいます。そうなれば、水分も皮脂も失われ、常に乾燥した肌になります。肌は乾燥すると、バリアをつくろうと皮脂を過剰に分泌します。乾燥が化粧崩れやテカリにつながることもあるのです。

また、バリア機能が落ちるため、ちょっとしたことで傷つきやすくなります。すると菌がその傷口から進入し、皮膚のトラブルや感染症を起こします。ケガをしない限り感染するようなことはないと考えがちですが、乾燥はさまざまなトラブルを招きます。

肌が荒れると、常在菌も失ってしまいます。バリアが弱い肌環境で、常在菌の働きもなければ、肌トラブルだけでなく、風邪や食中毒などの危険も高まります。

まずは日々使っているクレンジング剤や洗顔料を見直しましょう。特にメイクアップリムーバーは一般的に、**市販のものには油分が多く、また合成界面活性剤を含んでいることも多いので、避けることをオススメします**。気になる方は、インターネットで「毒性判定」を検索し、調べてみてください。

❸日焼け

紫外線は、身体に良い面と悪い面をあわせ持っています。

紫外線は丈夫な骨をつくるのに欠かせないビタミンDを生成します。ですから、完全に日差しを避けようとするのは反対です。でも、日焼けすると、肌が赤く腫れたり、皮がむけたりと、大きなダメージが起き、角質層のダメージは避けられません。それが、シミ、シワ、腫瘍の原因になるといわれています。

また最近、紫外線が肌の免疫を抑えることも発表されています。過度におそれる必要はありませんが、最低限の意識は持っておいたほうがいいでしょう。

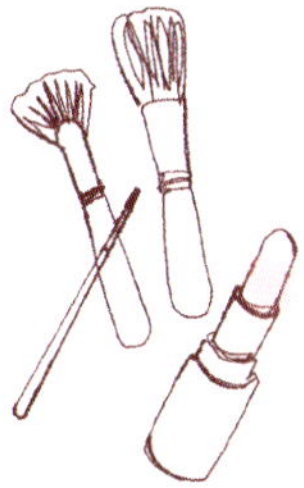

2
深部までやさしく落とす！ メイク落としは「押し拭き」がカギ

ふだん、あなたはどのようにメイク落としをしていますか？　コットンでゴシゴシ……オイルクレンジングでゴシゴシ……こすっていませんか？「こする」ことは肌を傷めると先ほどお話ししました。今日から「押し拭き」をはじめましょう。

〝ちぎりパン〟をご存じですか？　小さな山型の食パンをたくさん並べたような形をしたパンです。一つひとつがポコッと膨らみ、隣と溝をつくっているため、小さくちぎりやすくなっています。肌の表面は、マイクロスコープで見ると、ちぎりパンのように凸凹になっています。第1章で一度お話ししましたね。溝を「皮溝」、皮溝に囲まれてポコッと高くなっている部分を「皮丘」といいます。

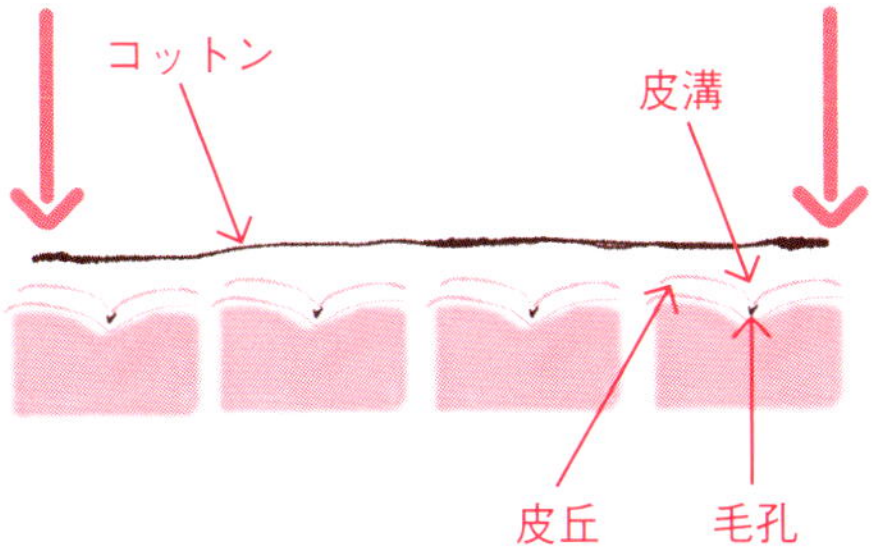

メイクを落とすときにクレンジング剤で肌をこすると、すぐにメイクが落ちたような気がしますが、実際には、皮溝に汚れが入り込んでしまっています。また周囲の皮溝に、メイク残りを広げてしまうこともあります。化粧品の色素を肌に残してしまうため、シミの原因になってしまうわけです。それを防ぐための方法が「押し拭き」なのです。

ちぎりパンの隣り合った2カ所を垂直に押してみてください。すると、溝の部分が開きますね。この性質を使ってメイクを落とします。肌をこすらず、垂直に押すことで、メイクを浮き上がらせるのです。油と油は混じりやすい性質があります。押すだけでも、椿オイルの油分と化粧品の油分が混じり合うため、キレイに落とすことができます。

押し拭きでメイクを落とした後、マイクロスコープで肌状態を確認したことがありますが、しっかり、キレイになっていました。

3 潤いを保ってキレイに落とす！メイク落としの手順

それでは、メイク落としの手順を説明します。濃い色素を使っているポイントメイクから落としていきます。

準備するもの

椿オイル／コットン／綿棒

手順

アイメイク→口紅→ファンデーション→確認

❶アイメイク

水で濡らしたコットンを軽く絞り、椿オイルを含ませます。少しの間、目と眉を覆うようにコットンをのせ、化粧品の油分を浮かせます。その後、アイライン、アイシャドー、眉を押し拭きします。コットンを軽く目にはさみパチパチと開閉し、インナーラインを落とします。

マスカラをしっかりつけた日は、椿オイルを含ませた綿棒を用意します。まつ毛の上側に綿棒を、下側にコットンを構えます。クルクルと綿棒をまつ毛の上で回します。

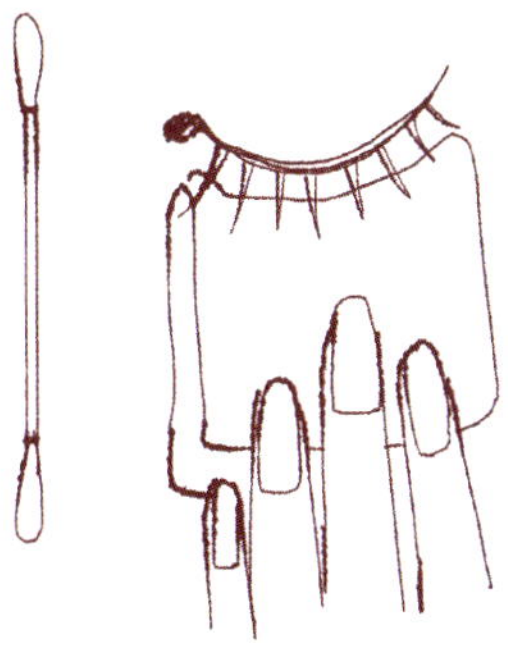

アイメイクの化粧品は、ウォータープルーフのものも多くあります。「汗や涙、水などに強く、落ちにくい」ものですが、これだけで魔法のようにコットン一面が真っ黒になります。

また、目の疲れを癒したい方は、コットンに含ませる水を前もって冷蔵庫で冷やしておくといいでしょう。コットンがヒヤッとして、とても気持ちいいものです。

❷口紅

コットンを新しい面にして、唇に押し当てます。口紅にも、色素が入っているだけでなく、最近ではウォータープルーフの製品が出ています。しっかり浮かせて落としましょう。

❸ファンデーション

コットンを二枚にはがして使い終わった面を重ね合わせます。そのうち一面を使って、ファンデーションを落としていきます。そして肌全体を押し拭きします。これだけで、汚れはすべてコットンに移ります（一枚のコットンをすみずみまで有効利用することで、節約にもなります）。

❹確認

使っていない最後の一面で、全体的に押し拭きをします。何も色が付かなければ、メイク落としが完了した証拠です。コットンを目で見て確認してください。必要なら、もう一度おこないましょう。

ではコットンは、どんなタイプのものを選んだら良いのでしょうか。

ドラッグストアなどに行くと、たくさんの種類のコットンが売られています。よく目にするのは次のようなコットンでしょう。コットンは、白いものがオススメです（汚れが取れたかどうかハッキリわかるため）。

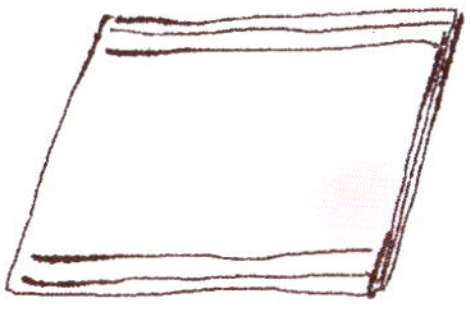

サイドシールタイプ

コットンを薄手の不織布でサンドイッチにすることで使用時の毛羽立ちを抑えるタイプ。両サイドが貼り合わせてあるものが多い。

カットタイプ

毛羽立ちを抑える特殊加工を施したコットンシートをカットしたシンプルタイプの化粧綿。

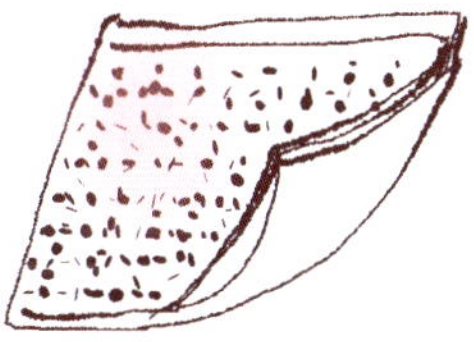

2WAYタイプ

サイドシールの片面にメッシュタイプの不織布を使用。パッティングと拭き取りという2つの用途で使用できる。

セパレートタイプ

薄手のコットンを貼り合わせた多層タイプの化粧綿。簡単に剥がせる。椿オイルを使う際はこちらがオススメ。

4 毎日の洗顔を楽しくする！お気に入りの洗面器

さあ、ここから、真皮を鍛える「温度差洗顔」がはじまります。

洗顔は、33℃のぬるま湯と水を使ったごくごく簡単なものです。ですが、ひとつだけお願いしたいことがあります。ぜひ、自分好みの新しい洗面器を用意してください。

洗顔は、毎朝、毎晩のことです。ボロボロの使い古した洗面器を前にするのでは、気持ちがふさいでしまいます。かわいらしかったり、高級感のあるものだったり、なるべくならテンションが上がるような洗面器を使ってください。プラスチック素材のものでも、透き通っていたり、全面に絵柄が入っていたりと、いろいろな種類のものが売られていて、選び甲斐があります。陶器のものは、やはり高級感がありますよ。

また、ヘアターバンやヘアキャップ、バスドレスを新しく買い揃えるのも楽しいですよ。

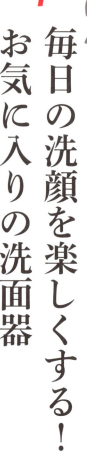

毎日着られなくても、休みの日に、とっておきのバスドレスを着て鏡の前に立てば、エステサロンに出掛けたような気分になれるでしょう。

洗顔方法や洗顔料選びには気を配ったことがあると思います。しかし、洗面器や格好まで気にされたことはないかもしれません。

たとえば料理をするときのことを思い出してください。レシピや素材選びはもちろんですが、自分で選んだ調理器具やお気に入りのエプロンがあると、キッチンに立つのが楽しくなるものです。

洗顔も同じです。好みの洗面器があるだけで、毎回、気持ち良く洗面台に立てるようになります。お手入れがもっと楽しい時間になりますよ。

5 たるみ解消！ ぬるま湯と水の「温度差洗顔」

洗顔は何より大切です。ちょっとだけ工夫し、さらに効果のある洗顔にしましょう。

「どのように洗顔していますか？」と尋ねると、多くの方が、顔の中心で手を上下する仕草をします。こうした洗い方では、洗い残しや洗いムラが出てしまいます。温度差洗顔は、顔を４つのパーツに分けておこないます。

図のように分けると、額の生え際、耳のそば、輪郭といった洗い残しが出やすい箇所にもしっかり水がかかります。

また、皮脂の多い部分、たるみの出やすい部分など、部位ごとに最適なケアもできます。

顔を４つのパーツに分ける

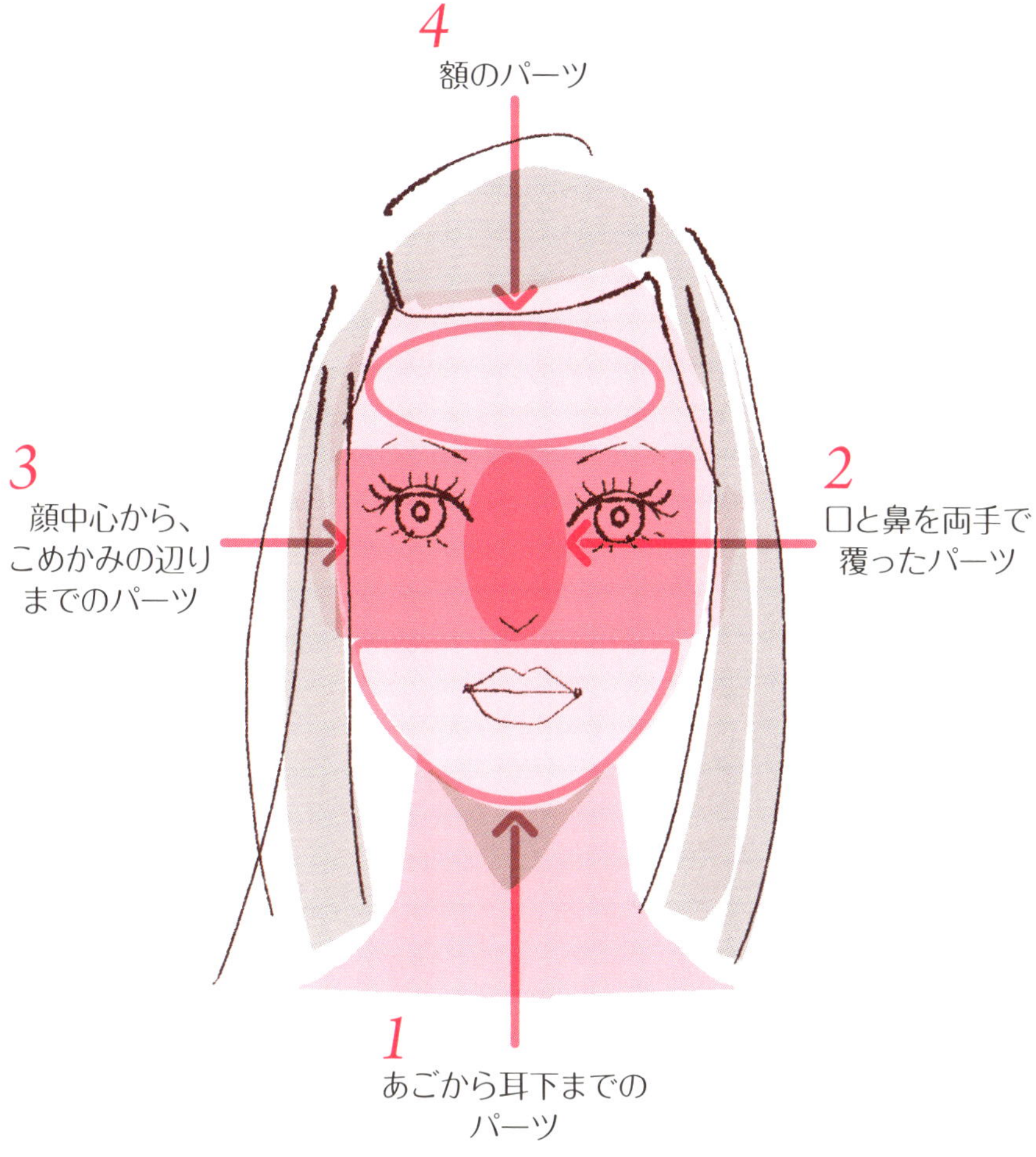

顔には産毛《うぶげ》が生えています。ほこりや細菌、寒さといった外部からの刺激を軽減する役割をしているため、水や油を弾く性質があります。ですから、最初はパシャパシャとぬるま湯を顔につける「かぶり洗い」を5回ほどおこない、水分を肌にしっかりなじませましょう。そのことで「これから顔を洗う」ということを脳に伝えることができ、洗顔の効果が高まります。

❶あごから耳下までのパーツ

女優は横顔でギャラが決まるといわれているそうです。あごのラインをシャープにすると、若々しい印象がアップします。また、あごに水をかけるとき、下を向くため、顔の筋肉が下がってしまいます。イラストにあるように下がった筋肉を引き上げ、元に戻します。

❷口と鼻を両手で覆ったパーツ

ほうれい線のラインをぐっと上げるような気持ちでおこないます。また、鼻周りは皮脂が出やすいため、意識してぬるま湯をかけ、汚れを落としましょう。

手順とポイント

❶洗面器のぬるま湯（33℃前後）でかぶり洗い（５回）

❷洗面器の「ぬるま湯」でリフトアップ洗顔（２セット）

1

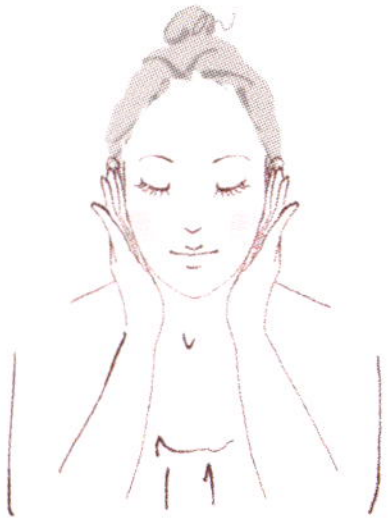

あごから耳下までのパーツ
手のひらをあごに押し当てて
引き上げる（頬杖のポーズ）（５回）

2

口と鼻を両手で覆ったパーツ
鼻を包み込み、両中指を頬骨の下に
沿わせて引き上げる（５回）

3

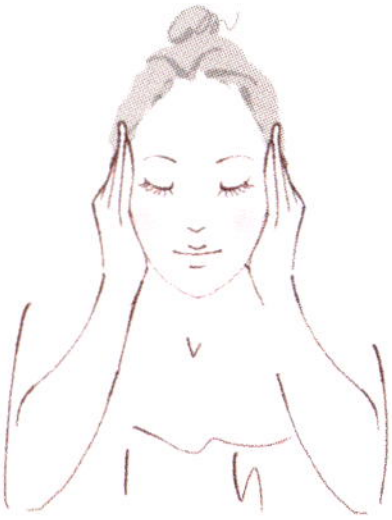

**顔中心からこめかみの辺り
までのパーツ**
こめかみから生え際に向かって
引き上げる（５回）

4

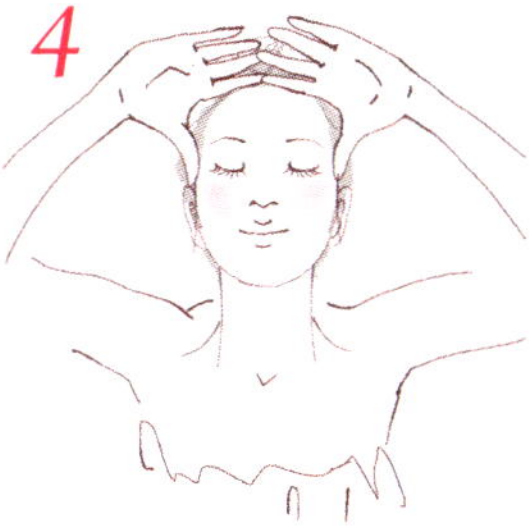

額のパーツ
額の生え際に向けて皮膚を
引き上げる（５回）

❸洗面器の「水」でリフトアップ洗顔（２セット）

※ぬるま湯をつかうときと方法は同じ

③顔中心から、こめかみの辺りまでのパーツ

皮脂の多い鼻周りも含めて、顔の中心からこめかみまでぬるま湯をかけます。こうすることで、こめかみ辺りを引き上げ、目元や涙袋のたるみ、目尻のシワをスッキリさせます。

④額のパーツ

額のシワ、眉間のシワを伸ばすようにぬるま湯をかけます。生え際の肌は強いため、そこからシワを伸ばすつもりで手で引き上げます。

ぬるま湯洗顔の後は、水で洗顔をおこないます。このとき水は、冷たければ冷たいほうがいいでしょう。肌が強くなるだけでなく、脳が刺激され、スッキリします。

何度もいうようですが、洗うときは、決して肌をこすらないように注意してください。手が触れるか触れないかくらいの距離を保ったまま水をかけます。

もし、「5回は大変だな」と感じた方は、3回からはじめてみましょう。毎日続けることが大切です。朝は3回、夜は基本の5回など、続けやすい方法を見つけてくださいね。

なぜ温度差洗顔がいいの?

温度差洗顔では、33℃のぬるま湯を使います。

人の体温は36℃前後ですが、顔の肌の表面温度は少し低く、おおよそ34℃ぐらいだといわれています。皮脂は30℃以上になるととけ出します。その中間の33℃は、皮脂にからみついた汚れや余計な皮脂は取り、肌に必要な皮脂は残す、という〝いいとこ取り〟できる温度なのです。ですから、温度設定にはこだわりをもってください。「ちょっとぬるい」くらいがちょうどいいと思います。

中には「熱いお湯が気持ちいい」「熱いお湯のほうが、オイル残りがきれいにとれる」と思われる方もいらっしゃるでしょう。しかし、熱いお湯で洗顔を続けていると、軽いやけどのようになってしまいます。

以前、いつも顔が赤らんでいる方に洗顔法を尋ねたら、熱いお湯を使っていました。顔の肌は他よりデリケートですし、熱いお湯は、必要な皮脂や肌内部の水分も奪ってしまいます。

オイル残りがあるような感じがしたとしても、ぬるま湯で洗うため、悪い油分は取り去ることができます。肌に残っているのはきれいな椿オイルです。美容液がついているのと同じですから、神経質になる必要はありませんよ。

6 目の疲れやむくみをほぐす！ホットタオルケア

それでもオイル残りが気になる方や、しっかりメイクをしたい方にオススメしたいのが、「**ホットタオルケア**」です。

肌への効果だけでなく、目の疲れやむくみが良くなったり、リラックスできたりと、うれしい効果もあります。また、ホットタオルケア後に温冷洗顔をすることで、温冷刺激が高まるため、さらに血流が促進します。

❶ 水を含ませたタオルを軽く絞り、ロールケーキをつくる要領でくるくる巻く

❷ 電子レンジで約1分、温める

❸ ほどよく温まったタオルを顔にのせ、しばらく置く

❹ 温度差洗顔をする

タオルは次のように扱いましょう。顔にホットタオルをのせている間も息が楽にできるので、心地よく過ごせます。

❶ タオルを縦長に、２等分して折る
❷ タオルの中心を、口、あごを覆うように置く
❸ あごの右、左に伸びたタオルを鼻を囲むように額に向かって折り返す
❹ タオルの上から顔全体に手のひらで軽く圧をかけ、密着させる

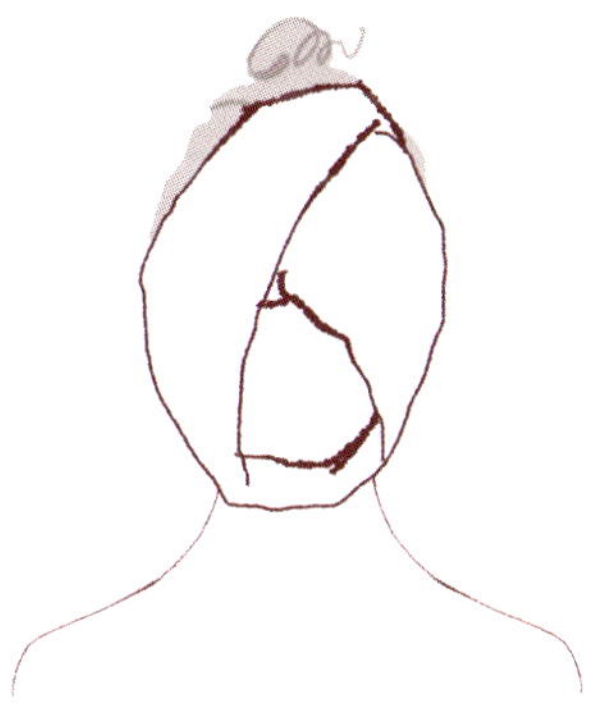

一週間に一度のペースでホットタオルケアができると良いでしょう。なめらかな肌を保つことができますよ。
もし面倒な場合は、お風呂に入ったときに、お風呂のお湯でタオルを濡らして顔に置いてもいいと思います。

また、最近では、あらかじめ鼻の部分に穴の開いたスチームタオルが100円ショップなどでも売っています。簡単なのに、同じような効果を生むので、オススメです。

ここに注意！

タオルに残っている水分が多いと、うまく蒸しタオルができません。2、3回試すと、加減がわかると思います。ラップでくるんだり、袋に入れてから電子レンジで温める場合は、取り出すときにとても熱くなりますので、やけどに注意してください。また、熱すぎるタオルを顔にのせるのは厳禁です！　理由は、洗顔に熱いお湯を使わないことと同じで、必要な皮脂や肌内部の水分を奪ってしまうからです。

第3章

仕上げを工夫すれば、
もっと美しくなれる!

より美しい肌になる
椿オイルケア

1 保湿もできるリフトアップマッサージ

温度差洗顔のあとは、椿オイルを使ったスキンケアをします。化粧水をつけたときと同じ効果とリフトアップ効果が期待できますので、丁寧におこなっていきましょう。

1

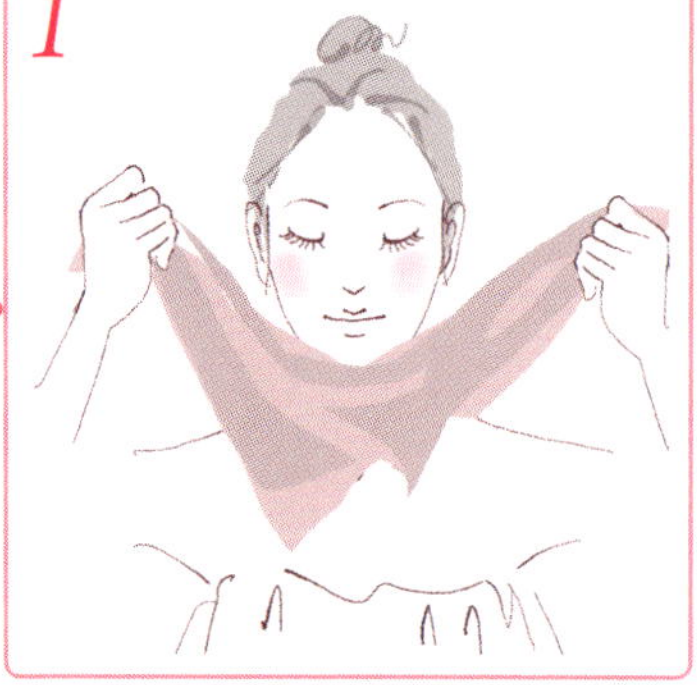

洗顔後、フェイスラインに残った水滴を取る
対角線で三角に折ったフェイスタオルの両端を持ち、顔の輪郭をつりあげるように囲み、落下水滴を取る

6

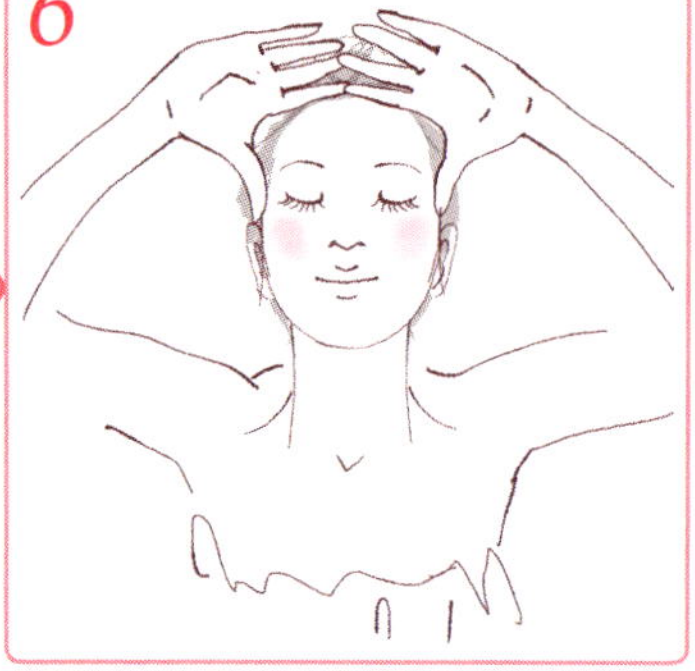

親指はそのままに、他の指を眉上から生え際まで軽くすべらせる。このとき、両腕を外に広げ、鼻からしっかり息を吸い込む

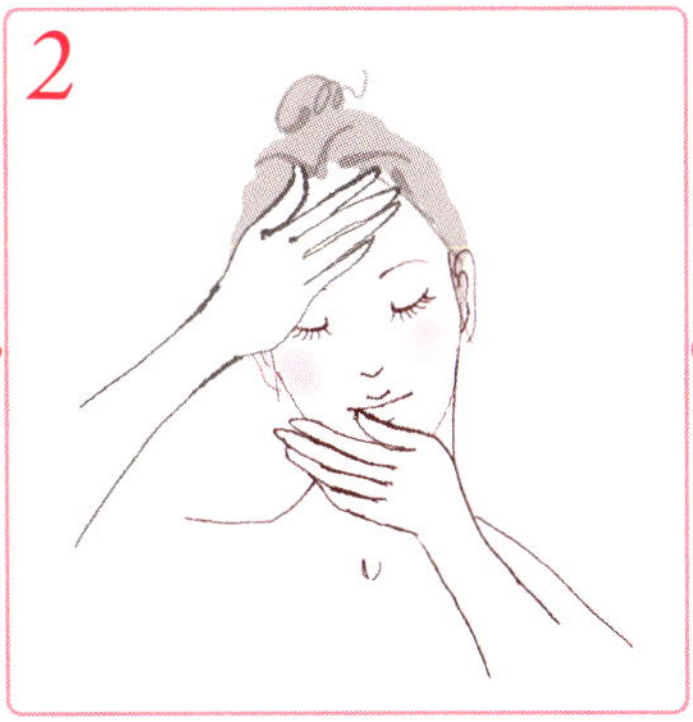

水気を残した状態で椿オイルを手のひらに出し、顔全体にのせる

両手を顔の前で重ね、息を吸いながら、両親指をあごの先からのど元まですべらせる
親指をそのままに、息を吐きながら、下あごの輪郭をなぞるように耳脇まで手を開く

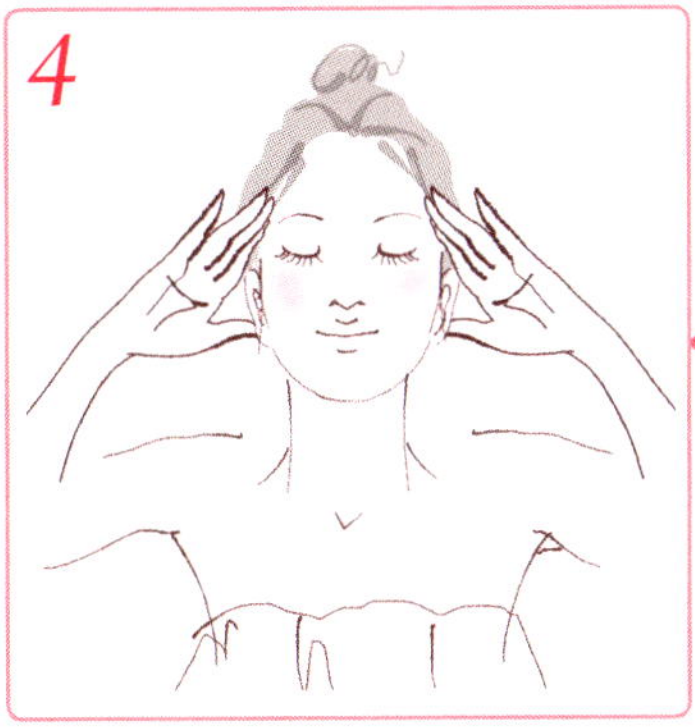

息を吸いながら、親指をこめかみの中指のところまで寄せる

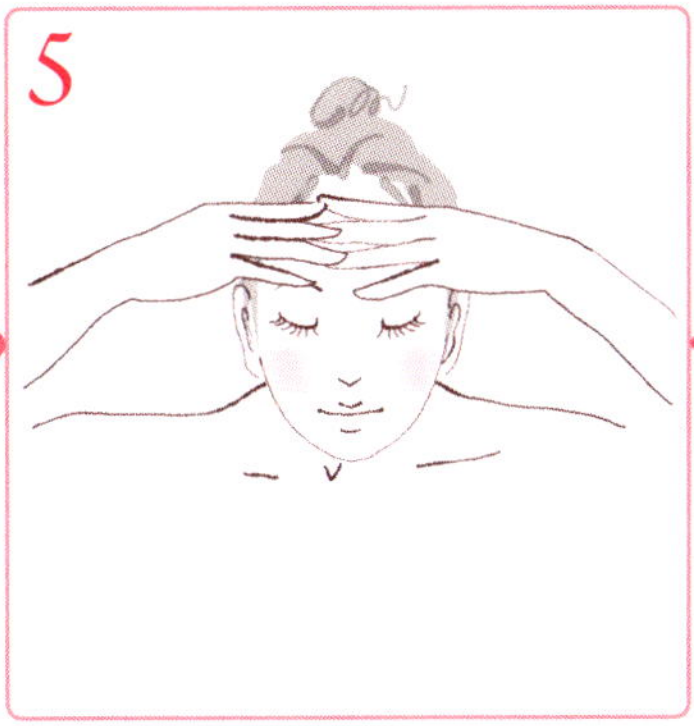

息を吐きながら、親指をこめかみに残したまま、他の指を目の上に軽く乗せる

なぜフェイスラインの水分だけとるの？

顔に残った水分と椿オイルをなじませると、乾燥を防ぐとともに、正常な皮脂膜をつくることができます。これで化粧水や乳液と同じ効果が得られるため、他に何もつける必要はありません。

また、フェイスラインの水分をタオルで取ることで、余分な水分が取れるだけでなく、**洗顔中、下を向いていたことで下がってしまった顔の筋肉を正しい位置に引き上げることができます。**

椿オイルでマッサージする理由

マッサージで椿オイルを顔になじませることは、肌に物理的負担をかけないという点でも優れています。タオルで水分を拭いたり、クリームを塗り込んだりすると、知らず知らずのうちに肌をこすってしまいますが、椿オイルはその心配がありません。

マッサージのときのポイント

マッサージ中は、ヨガ呼吸法にならい、ゆっくり鼻から息を吸って吐きます。

自律神経には、交感神経と副交感神経があります。交感神経は筋肉を緊張させる神経、副交感神経はリラックスさせる神経です。**ゆっくり呼吸すると、副交感神経が優位になるため、緊張をゆるめ、心と身体を休める効果があります。**

緊張がゆるむと筋肉もほぐれるため、血のめぐりが良くなります。すると身体のすみずみに血液が届くようになり、身体中の細胞が元気になります。

一日の終わりにリラックスする時間を持つことは、日々の健康と美しい肌を無理なく導くために欠かせません。深く呼吸をしながら、リフトアップマッサージをおこないましょう。

これで、表皮のケアは万全です。ただ、椿オイルは、使えば使うほど肌にいいわけではありません。使いすぎると、皮脂腺が「自分が働かなくても、皮脂膜ができるから大丈夫」と、その働きを弱めてしまいます。こうなると、かえって乾燥が進んでしまうこともあります。目標は、肌本来の持つ力を育てていくこと。**椿オイルは、サポートする存在**だということを忘れてはいけません。

2 シミ・ニキビ跡にもやさしいアイスキューブマッサージ

入浴後、身体をひととおり椿オイルでコーティングできたら、テレビを観たり、ソファでくつろぎながら、アイスキューブマッサージをしましょう。このケアを加えるだけで、シミやニキビ跡にうれしい変化が現れますよ。

❶ 冷凍庫から氷をひとつ取り出す
❷ なだらかな一面だけ出して、ハンドタオルでつかむ

❸ 氷で肌の上にクルクルと円を描くようにマッサージする

特にシミやニキビ跡があるところは、念入りにつけたり離したりして、氷がとけてなくなるまでマッサージします。

ここに注意！

＊あまり長い時間冷やし続けることはお肌によくありません。氷でクルクルと円を描きながら、顔を一周くらいするイメージです。加減しながらおこなってくださいね。

＊保冷剤を使うのは厳禁です（保冷剤は肌にくっつきやすく、傷みやすいため）。

肌のターンオーバーを担う基底層、弾力ある真皮を保つカギとなる線維芽細胞、この2つは、血液から運ばれてくる酸素や栄養分をエネルギーにしているとお話ししました。

肌は冷やされると、温度を一定に保とうと、血流を増やします。**アイスキューブマッサージは、その血流をより一層促します**。基底層と線維芽細胞の働きが活発になるため、これで肌の生まれ変わるスピードも速くなります。

また、氷はやがて水になってとけます。氷で冷やす効果と、**水になってとけて「水の膜」**

となり、椿オイルと親和してお肌の水分量をあげる効果があります。

年齢が上がるにしたがって、ターンオーバーはだんだん遅くなります。こうした肌変化を感じたときには、温冷刺激で肌に働きかけることが有効です。入浴、リフトアップマッサージで肌が温まった後でおこないましょう。

アイスキューブマッサージを続けていたら、「大きかったシミがだんだん薄くなり、ある日パカッと二つに割れ、その後、薄くなっていった」といった体験談もあります。

テレビを観たり、ソファでくつろぎながらマッサージをすることにも意味があります。一日の終わりに、身体の緊張をほぐし、リラックスするためです。心身を休め、回復させる副交感神経の働きを高める効果もあります。

副交感神経が優位になると、血管が適度に緩み、血流が良くなります。身体のすみずみまで血液が行き渡るため、酸素や栄養も届きます。このひとときが、健康で美しい肌に導きます。

夏場やメイク崩れを抑えたい日には、朝もアイスキューブマッサージをおこないましょう。肌が引き締まり、心地良いメイクが保てます。

肌にトラブルがあり敏感になっているときは、冷たさが刺激になってしまうこともありますのでご注意ください。

体験談

カメリアオイルメソッドに出会って10年経ちますが、それまで通っていたエステよりも今の椿オイル一本でのセルフエステのほうがはるかに効果的です。以前はあぶらとり紙が離せなかった肌も、ほどよい潤いを保っていて、トラブルもありません。いつも同年齢の方より若く見られることが多く、友人たちにも羨ましがられています。

（吉野千代乃・40代・会社員）

アウトドアスポーツ好きが災いして、上唇にひげのようなシミを見つけたときはショックでした。でもこのメソッドを続けていくうちに、いつの間にかそれが消えていました。私だけでなく、主人のひどい乾燥肌も、椿オイルのお世話になっています。駐在員仲間の友人にも広まっています。

（犬塚靖子・ニューヨーク在住・50代）

先生のメソッドに出会って、年齢を重ねることへの不安がなくなりました。美会でお会いする素敵な先輩方を目標に、外見も含めて自分をきちんとメンテナンスしていくつもりです。2歳になった息子も生まれたときからカメリアオイルで健やかです。（菊地晶子・30代・会社員）

3 顔の印象を変えるネック＆デコルテケア

顔を美しく見せるには、首とデコルテの印象も大切です。黒ずみやシワ、かさつきがなく、顔と同じように手入れが行き届いていると、女性らしい美しさが際立つものです。

また、鎖骨の流れをよくすることで、血流がよくなり、顔のくすみが流れ、シミの定着を防ぐ効果も期待できます。「首とデコルテは顔の延長」だと考え、同じようにケアをしましょう。

ネック～微笑みのマッサージ

1

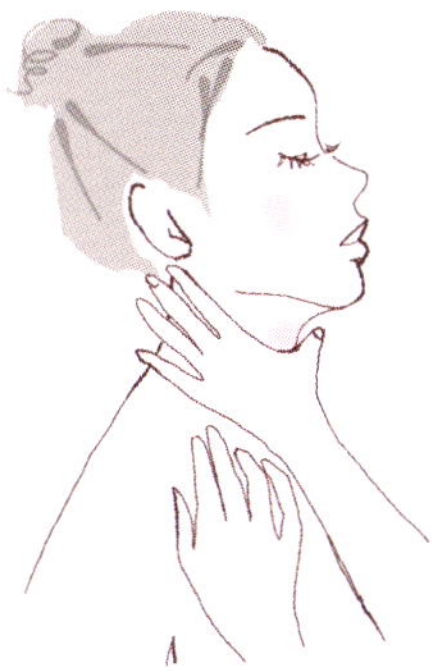

鎖骨を起点として、斜め対角線にあごのリンパ節を通って半円を描く

2

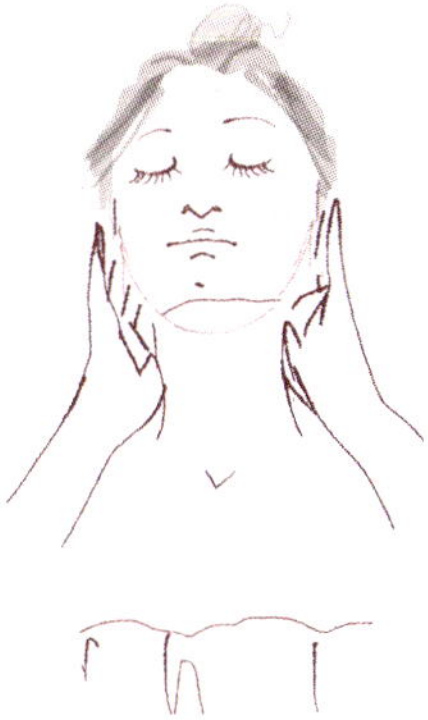

耳の下のくぼみに手を添え、ひと呼吸おく

3

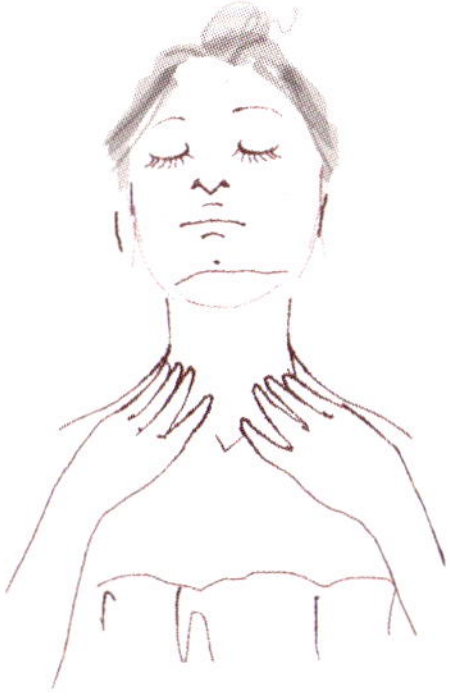

首の脇を上から下に弧を描く気持ちで掌をすべらせる

4

首の中央で重ねた両手を微笑みながら上下に押し開く

デコルテ～優しみのマッサージ

❶ 椿オイルを手のひらにのせ、軽く両手になじませる
❷ 中指と人指し指で鎖骨をはさみながら肩まで流す（イラスト参照）
❸ 首を肩に倒した状態で反対側の肩に手を置き、後ろにすべらせる
❹ 肩を抱くように、前腕まで手をすべらせる
❺ 脇のリンパ節まですべらせる
❻ 首を前に倒し、両手を首の後ろで組む
❼ 首を起こすと同時に、両手を脇に向かってすべらせる
❽ 腋の下前面の脂肪をおさえるようにひと呼吸おく
❾ 2セットくり返す

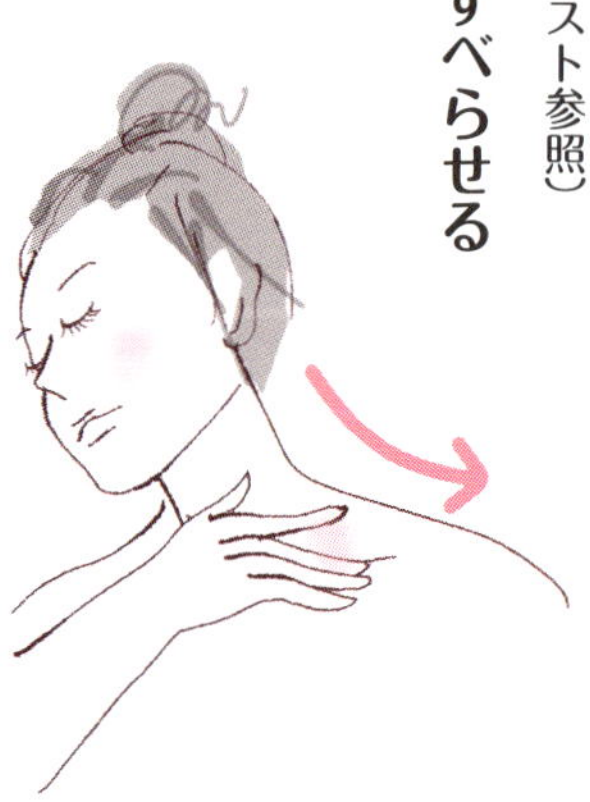

ネック＆デコルテのマッサージが大切な理由

「鎖骨上のくぼみが深ければ、老廃物の流れが良い状態。押して痛いときは、代謝が滞っている証拠」という話を聞いたことはありませんか？　ネックとデコルテのマッサージは、リンパの流れを整えるためにも、とても重要です。

鎖骨には、全身を流れるリンパのターミナル（最終地点）があります。もちろん、顔のリンパも最終的に鎖骨に流れこみます。ですから、**鎖骨の流れが滞っていたら、いくら顔のケアをしても、くすみは消えていきませんし、シミの定着を防ぐことができません。**ネックとデコルテにも気を配り、老廃物が流れていく道をしっかり確保しましょう。

東洋医学では、本来、体の中をサラサラと流れるはずの血液が、滞ったり、流れにくくなった状態を瘀血《おけつ》といいます。瘀血はリンパの発達した部分に出やすく、くすみやシミ、目の下のクマ、そして、女性特有の頭痛を引き起こす要因とも考えられています。

西洋と東洋で同じ考え方をしているのは、偶然ではないはずです。美容はもちろん、日々の健康のためにも、身体のめぐりを良くすることは大切です。

カメリアオイルメソッドでは、肌を傷める「こする・とかす・日焼けする」は避けると最初にお話ししました。それはネック&デコルテケアでも変わりません。顔と同じで、肌が薄い部分でもあります。マッサージをするときは必ず椿オイルを使い、摩擦を軽減しましょう。

4 毎日のケアで血流をよくする湯上がりボディケア

湯上がりボディケアには、三つの目的があります。

- **乾燥を防ぐとともに、皮脂膜バリアをつくり、健康で美しい肌の維持を目指す**

いくら顔の肌が美しくても、身体がガサガサでは女性としての魅力が半減します。

- **リンパの流れを促す**

リンパをスムーズに流し、余分な水分や老廃物、毒素が体内に蓄積するのを防ぎます。

- **自分の身体に直接触れ、変化を知る**

胸にシコリがあることに気付き、病院での診察を受けてみると、「乳ガン」だと診断されたという話を聞いたことがあると思います。毎日直接肌に触れ、マッサージをしていると、こうした変化に早く気付くことができます。

ボディケアは、顔のケアと考え方は同じで、身体に残った水滴と椿オイルをなじませていきます。

バスタオルで身体の水分を拭き取る必要はありません。身体が濡れた状態でスタートします。

❶ **椿オイルを手のひらに出し、両手全体に伸ばす**

❷ **そけい部（両脚の太ももの付け根の前部分）を起点に、腹部を時計回りに丸くマッサージ**

❸ **左手を背中に、右手は腹部に置き、挟みながらおへそに向かって斜めに流す**（イラスト参照）

❹ **両手で背中からウエストをしぼるように前にマッサージ**

❺ **両手でウエストから脇に向かって流す**

❻ **両手で背中から脇に向かって流す**

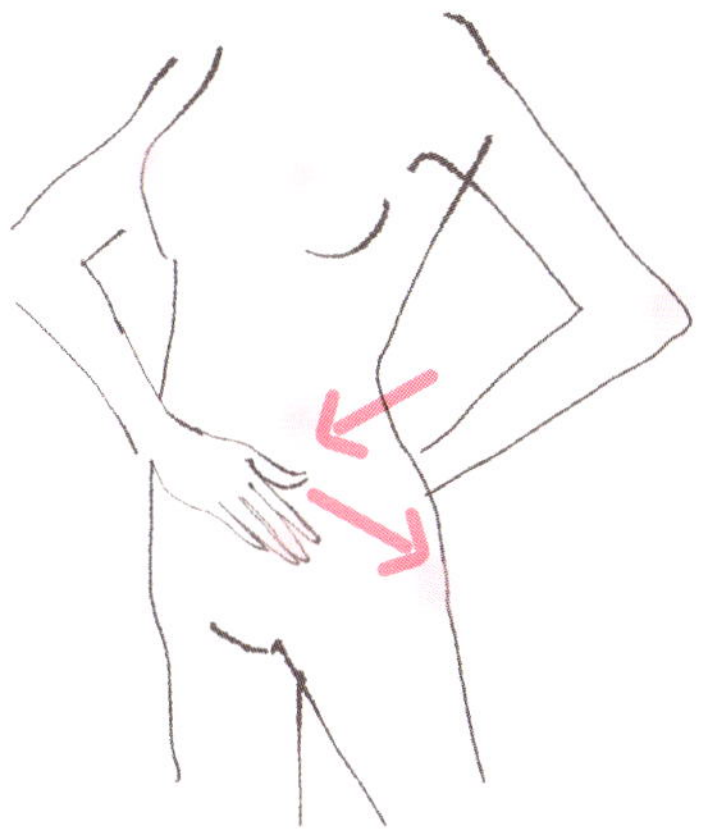

❼胸を丸く5回ずつ、中央に向かってマッサージ（下のイラスト参照）
❽片手を伸ばし、反対の手で手首からわき下までマッサージ
❾片手を曲げ、反対の手で肘を丸くマッサージ
❿椿オイルを手のひらに追加し、片足の足裏に擦りこむ
⓫両手で足首からふくらはぎをもみ上げるように流し、ひざ裏を押す（左上のイラスト参照）
⓬そこから前ももに向かってもみあげながら、そけい部まで流します

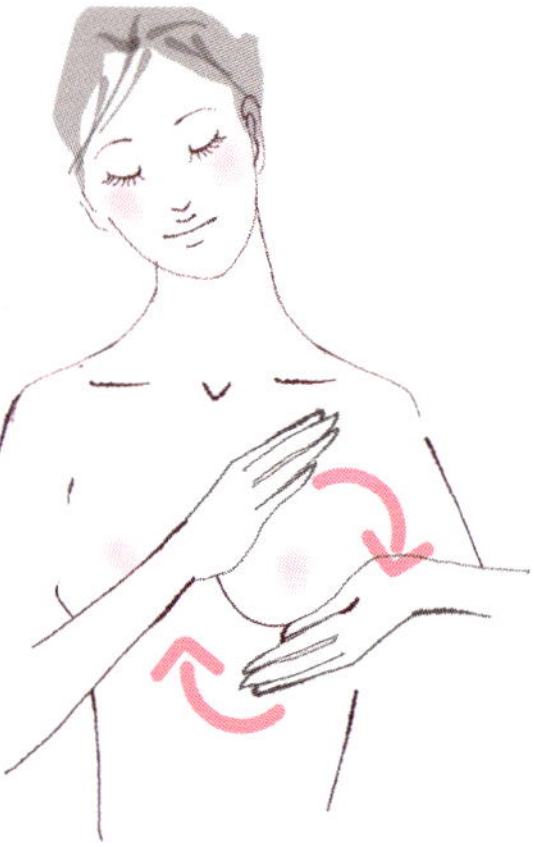

湯上がりボディケアは、リンパを流して血流を良くすることが目的のひとつ。リンパドレナージュ（マッサージ）の考え方にならった手順で進めます。ただ、あまり神経質になる必要はありません。心臓から遠い足の先からはじめてもいいですし、そけい部やわき下といった身体のつけ根に時間をかけてもいいでしょう。❶～⓬の手順を参考に、自分が続けやすい方法を見つけてください。

また、湯上がりボディケアは、**湯冷めを防ぐ効果もあります**。湯冷めの原因は「気化熱《きかねつ》」です。身体に残った水分が蒸発するとき、同時に身体から熱を奪ってしまいます。ケア後は、身体全体がオイルでコーティングされた状態になります。ですから、ほとんど湯冷めもしません。お風呂上がりの温もりが続き、風邪知らずの毎日を過ごせます。

スペシャルボディケア　～かかとの荒れがひどいとき

冬場、ガサガサのかかとにならないためにも、また、夏、サンダルを美しく履くためにも、かかとのケアは欠かせません。特に荒れがひどいときには、部分的なケアが必要です。

まず椿オイルをかかとに塗ってラップでくるみます。次に、その上から靴下を履き、10分～20分、パックしましょう。驚くほどスベスベになりますよ。

5 フケを防ぎ、ツヤも出す ヘアケア3大活用法

頭皮も肌と同じようにターンオーバーします。日々、小さな角質が取れるのですが、乾燥でより角質細胞が取れやすくなると、目に見える〝フケ〟として気になるようになります。これは、頭皮の皮脂バランスが悪いために起こります。

椿オイルの働きは、肌につけたときと同じです。皮脂が少ない場合、水分を逃しにくくし、乾燥の問題を解決します。頭皮のかゆみの一番の原因は乾燥ですから、オイルパック後は、かゆみもなくなるでしょう。また、皮脂が多いときは、余分な油分を取り去ります。油と油が混じりやすい性質があるため、無理なく余分な皮脂を浮かせます。**椿オイルは頭皮の皮脂バランスを整える働きがあります**。

フケ・かゆみ対策に効果テキメン！　オイルパック

❶ 洗髪前に髪を小分けにしながら、椿オイルを2〜3滴ほど頭皮に擦りこむ

❷ 頭皮をマッサージする

❸ 蒸しタオルをかぶって10分オイルパック

蒸しタオルの上からシャワーキャップをかぶったり、タオルが冷めたら途中で熱い蒸しタオルに交換するとパック効果がＵＰ

❹ 最後に洗髪

オイルがついているので二度洗いする

髪の美しさをつくるのは、キューティクルです。キューティクルは竹の子の皮のように何枚も重なり、髪の内部を守っています。一枚一枚のキューティクルがキレイに整っていると、ツヤがあって、手触りもいい髪になります。うまく重なっていないと、パサつきや痛みのある髪になってしまいます。

キューティクルとキューティクルをくっつける接着剤の役割をしているのは、オレイン酸です。そのため、オレイン酸が豊富な椿オイルを塗ると接着剤の役割を果たすので、ひどいパサつき、傷んだ毛先を集中的にケアできるのです。

「椿オイルを髪につけたらベタついた」という人もいます。きっと、乾いた髪に直接オイルを塗ったのでしょう。乾いた髪に椿オイルを塗ってもなじみません。洗髪後など、水分を含んだ状態でおこなってくださいね。

一度でツヤを実感！　毛先ケア

❶ 洗髪後、軽くタオルドライする

❷ 水分が残っている髪に椿オイルを塗る。特に毛先は、つかむようにしてつける

染料から肌を保護するときにも、椿オイルは使えます。肌にやさしいこともうれしいですね。

カラーリングの後のファーストシャンプー前に、オイルパックをしましょう。ヘアカラーは、髪のキューティクルを開き、染料を髪内部に浸透させます。カラーリングをした後の髪のキューティクルは、開いた状態です。これは、髪の傷みやパサつきの原因になります。オイルパックで、キューティクルを引き締めましょう。ツヤがある髪になるだけでなく、髪内部に入った色素の流出を防ぐので、髪色の持ちがよくなります。

ヘアカラー時の保護クリームとして

❶ カラーリングの準備が整ったら、髪の生え際や耳に椿オイルを塗る
❷ その後、カラーリング
❸ ファーストシャンプー前に、オイルパックする

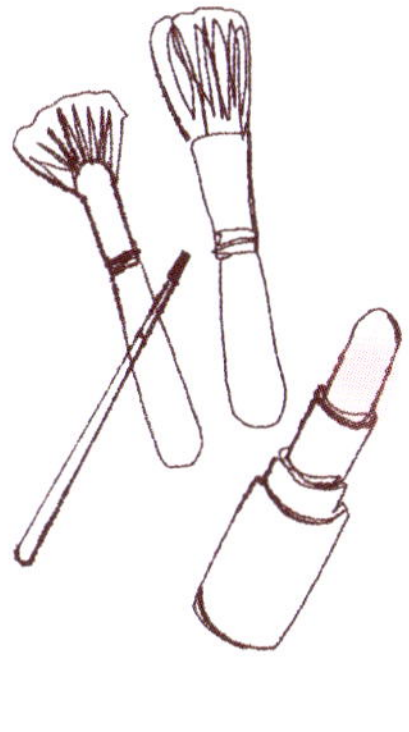

6 妊娠線を防ぐマッサージ

妊娠線は、お腹が大きくなったときにできる線です。ホルモンの影響もあり、妊娠中はターンオーバーが抑制されがちです。真皮や皮下組織が次第に弾力を失ってしまうため、肌に亀裂ができやすいのです。

予防するためには、肌の弾力を守ることが一番です。椿オイルは保湿力が高いため、水分を逃しづらく、弾力を保ちやすい側面があります。バストやおしりも妊娠線ができやすいため、塗るといいでしょう。霧吹きなどで水分を与えてからオイルを塗ると効果が高まりますよ。また椿オイルを塗って優しくマッサージすることで、妊娠中の精神を安定させる効果もあります。

❶オイルを塗る場所に、あらかじめ霧吹きなどを使って水分を与える（乾いた肌では十分に肌に親和しないため）

❷椿オイルを2～3滴、手につける

❸片手を背中に置き、もう一方の片手で、お腹まわりを中心に、時計回りにくるくるとマッサージする

❹❸と同じ要領で、バストやヒップもおこなう

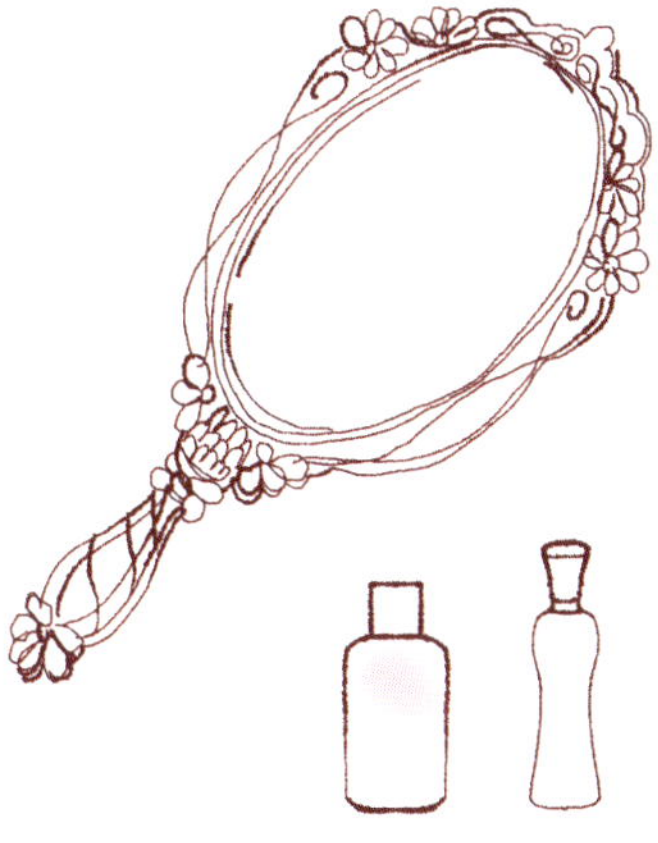

7
おむつかぶれ予防にも効果大！ベビーオイルマッサージ

ベビーマッサージはお母さんと赤ちゃんのスキンシップになるため、さまざまないい影響をもたらします。温かな手から母親の愛情を感じ、赤ちゃんの心も健やかに成長するほか、脳や身体の発達促進にもなります。またお母さんは、赤ちゃんの気持ちを感じ取りやすくなります。椿オイルは皮脂に限りなく近い成分なため、赤ちゃんの口に入っても問題ありません。赤ちゃんにとってもアレルギーなどの心配が少ないため、安心して使っていただけます。

❶ 椿オイルを手につける

❷ 〈脚のマッサージ〉

赤ちゃんの足首を支え、股関節から太もも、ふくらはぎ、足首まで外側に手を滑らせる。

❸〈股関節のマッサージ〉

赤ちゃんの両足の裏を合わせ、オムツ変えの要領で、おへそに近づける。もう一方の手で、おしり全体と腰の辺りまでくるくるとなでる。

❹〈おなかのマッサージ〉

手を縦に置き、時計回りにおなかをなでる。

❺〈首、胸、腕のマッサージ〉

両手を赤ちゃんの胸に置き、そのまま肩までなで上げ、ハートを描くようにしてもとに戻る。手を赤ちゃんの肩に置き、肩を少し温め、指先までなで下ろす。（イラスト参照）

❻〈背中のマッサージ〉

手を交互に、赤ちゃんの肩甲骨からおしりまでしっかりとなで下ろす。

❼〈腰、お尻のマッサージ〉

おしりを中心に、円を描くようにくるくるとなでる。

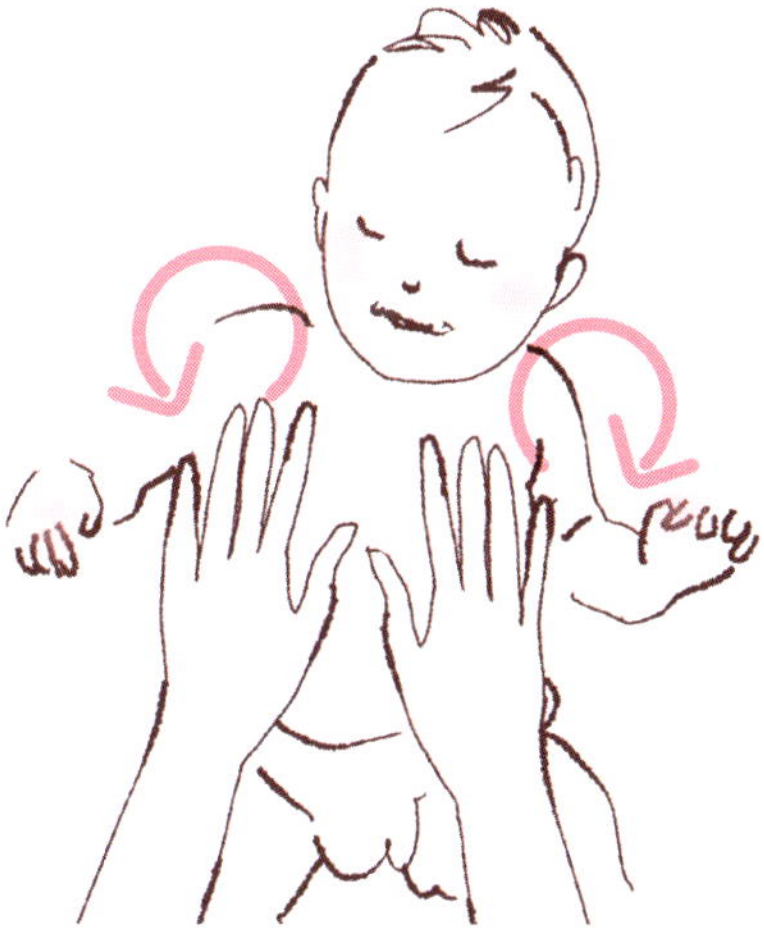

❽〈首の後ろ、耳の後ろのマッサージ〉

赤ちゃんの頭全体を、円を描くようになでる。首の後ろ、耳の付け根もゆっくりとなでる。

ここに注意！

オイルの量が少ないと、赤ちゃんの肌を引っ張り、刺激してしまいます。赤ちゃんの肌がテカテカするくらい、たっぷり使いましょう。特におしりにはしっかりオイルを塗りましょう。オイルが肌を保護するので、ウンチが直接肌に付きません。おむつかぶれの予防もできます。

毎日のケアでは、お風呂上がりの身体が濡れている状態で、オイルを頭からつま先まで軽くつけてあげましょう。そして、少しの間タオルで身体をくるみ、オイルを親和させます。これだけで、赤ちゃんのお肌の健康を守ることができます。

第4章

美しくなるために大切にしてほしい10の言葉

1

生き方が顔に現れる

「**顔は自分でつくる**」といいます。ココ・シャネルも「20歳の顔は自然の贈り物。50歳の顔はあなたの功績」という言葉を残しています。私も20代の頃の顔より、今の顔が好きです。

最近、美しく老いる心構えができずにいる方が多いと感じています。若づくりに必死な〝美魔女〟が美しいとは、私にはどうしても思えません。年齢を重ねることは美貌を失うことではないのに、肉体の老いだけにとらわれてしまうのは、本当に悲しいことです。

ほうれい線を嫌う女性が多いのはなぜでしょう。あなたが生きてきた道に、たくさんの笑顔を呼んだうれしいことや幸せがあった証拠でしょう？　そんなほうれい線なら、誇るべきではないですか。気にするべきはマリオネットラインです。不満やあきらめで口角が下げていたからできたものです。でも今日から笑顔を大切にすれば大丈夫！　きっと消えていきます。

あなたの価値観や生き方があなたの顔をつくっています。自分の顔を愛してあげましょう。顔は本当に正直です。将来、「今の自分の顔が一番好き！」と思える生き方ができたら、あなたの人生も、きっと幸せなものになると思いますよ！

2

自分に触れることは自分に気付き、いたわること

あなたの日々の生活の中に、自分の顔や身体と向き合うための時間はありますか？

忙しい朝はともかく、夜も適当にメイクオフをして、お風呂上がりの身体をタオルでサッと拭き取るだけになってしまっているなら、それはとても残念なことです。

ほんのちょっとでいいのです。自分に向き合うための時間として意識してみませんか？

目を瞑《つむ》って自分の顔や身体に触れてみてください。普段より指先に感覚が集中するので、自分の呼吸や体温が響いてくるはずです。穏やかな気持ちで触れれば、心も体も解きほぐされていくような感覚が得られます。私たちは自分で自分をいたわることができるのです。

また、お風呂上がりには、鏡に映った自分の姿をきちんと見て、タオル越しではなく直接触れてみましょう。**身体の小さな変化にも気付きやすくなるため、健康をキープする第一歩にもなります**。

私たちは、心身に不調が出てはじめて、快適な生活のありがたみを感じます。日々の何気ないことを自分と向き合う時間だと意識した瞬間、その時間は自分への優しいプレゼントになります。あなたも今日からはじめてみませんか？

3

朝はまず、鏡を磨く

毎朝私は、洗面所の鏡を磨きます。それは、目覚めて最初に自分の姿を映すものだからです。汚れや曇りのない鏡を通して見ると、一日一日、自分の顔が違うことに気付きます。自然と笑顔が出て「今日はいい顔」と思える日があれば、「眉間にシワが寄っている」と気付く日もあります。そんな日は、「昨日までなかったシワがどうしてできたのだろう……」と考えます。すると、「そういえば昨日、あんなに怒ってイライラしていたから、ここにシワができたんだ。じゃあ、今日はそれも許してあげて明るい心で過ごそう」と自分自身を見つめることができます。

時間をかける必要はありません。リフトアップ洗顔をした後の少しの時間でいいのです。**キレイな鏡を通して、自分の顔に隠れた心を見つめてください**。そうすれば、心の澱《おり》も消えていくはずです。私自身もそうすることで、毎朝気持ちの良いスタートが切れています。

洗面台を美しくするのには、もうひとつ理由があります。インドの伝統医学・アーユルヴェーダでは、風・火・水に関わる場所には、心に働きかけるエネルギーがあるとしています。そのため水回りである洗面台を、常にキレイに保つよう心がけているのです。

さあ、磨き上げた鏡に最高の笑顔を映して、新しい一日をはじめましょう。

4

生活が不自由でない程度に美容を意識する

街に出ると、紫外線を避けようと全身を覆っている人や化粧崩れを気にして頻繁にパフを手にしている方を見かけます。車を運転するとき、洗濯物を干すときなど「アームカバーがなくては日焼けがこわい」という話も耳にします。なんだか、鎧などの武具を身に付けて生活しているよう……。いくら理想の状態を保てたとしても、心はあまり幸せではないだろうな、と感じてしまいます。

「美意識を持つ」と「美に執着する」は大きく異なります。普段の生活に支障が出るほど必死になったり、より高価なクリームを求め続けたりすることは、知らず知らずのうちに心の負担になります。

心の負担は、不安そうな顔つきとなって現れたり、人にやさしく接する余裕を奪ったりします。美しくなれると信じてやっているはずなのに、それが美しくなることを阻むことになってしまうのです。

難しいケアをしなくても、お金をかけなくても、一生懸命にならなくても、私たちは美しくなれます。無理にがんばることから解放され、自由に美容を楽しみましょう。**自由になれば、心身をこれまで以上に心地良い状態に保つことができます**。その結果があなたの美しさとなって現れるのですよ。

5

健やかな眠りが翌朝の美しさを生む

日々私たちは色々なストレスを感じて生きています。自分の失敗で起きること、理不尽な理由で起きてしまうこと、知らず知らずのうちに心に澱をためてしまいます。

私は寝る前に「夜のルーティーン」をおこないます。ベッドの上で「大いなるもの、今日私に起こったすべてを受け取ってください。私の今日の命は全部差し上げます。そして明日、また新しい命をください」と、天に向けて手を広げ、大きく深呼吸します。クタクタになって倒れ込むようにベッドに入る日がほとんどですが、これだけで身体も心もほぐれていくのがわかります。

私のこの夜のルーティーンには、難しい意味があるわけではありません。**今日あった嫌なこと、苦しかったことはみんな忘れて、新しい気持ちで新しい明日を迎える準備をするためのもの**です。クヨクヨと思い悩んで眠れないのは、それこそ美容の大敵。翌朝、目の下にクマができてしまいます。心身ともに健康に保つ方法は、日々のリセットにあるのです。

特別なことをする必要はありません。簡単な習慣を取り入れ、健康な心身をつくることを意識してみましょう。

6

美は言葉にも現れる

たとえば食事の支度ができたとき、ともすれば、お鍋片手に「はい、ご飯できたよー」と声をかけていませんか。それを、「お食事にしましょう」「いただきましょう」と言葉にしてみてください。これだけで、あなたの美しさは磨かれていきます。

なぜでしょうか？　それは、言葉は相手に向かってだけでなく、自分にも聞かせているものだからです。

悲しいこと、辛いこと、悔しいこと……想いを吐き出したいと思ったときにどんな言葉を使うかも大切なことです。汚い言葉を口にしたら、あなたはそれだけの人。みじめになっていくだけですし、自分を傷付けてしまいます。それに鏡を見たら、きっと、キレイとはほど遠い顔つきをしていることでしょう。

吐き出したいときにはあえて、穏やかな気持ちでキレイな言葉に変えてみるのです。不思議なことに、それほど苦しむようなことではなかったとわかっていくはずです。その出来事や相手を受け入れ、許す心の準備も整っていくでしょう。

怒りや憎しみに満ちた言葉は自分を醜くします。嫌なシワもつくりますし、呼吸も浅くして顔色も悪くします。美しい自分でい続けるためにも、言葉には力があることを日々忘れず、一言一言大切にして過ごしたいですね。

7

「年齢の割に若い」ではなく、年齢を感じさせない肌をつくる

「あら、そんなお歳には見えないですね」と言われても、私はあまりうれしくありません。若く見られるなんてうれしいわ、と考える方もいらっしゃるでしょう。でも、年齢というハンディをつけて判断されることには違和感があります。

特に日本人は年齢にこだわり過ぎていると感じます。実年齢より若く見られればいい、シミひとつない陶器のような肌が良いというような美しさの価値観があり、これが、危険なお手入れ法に駆り立てる原因でもあると私は思っています。

一番大切なことは、健康で、その方らしい美しさがある肌を保てていること。日々、背伸びすることなく肌をいたわり、しかし甘やかさずに肌の持てる力を最大限に引き出していくことで、年齢を超越した美しさが自分のものになるのです。

また、若さは未熟さでもあります。経験や知恵を得、人を許すことや愛することを知って美しさは磨かれていくのですから、重きを置くべきは、過去より今ではないでしょうか？

それから、年齢というハンディは〝甘え〟にもなることもお忘れなく。今以上に美しくなる力を備えているのに、「この年齢でこの状態ならいいわね」と、とどまってしまうなんてもったいない。**美しさに、年齢は関係ないのです**から。

8

強くなければ美しいとはいえない

「スカーレット」という私の名前は、小説『風と共に去りぬ』の主人公スカーレット・オハラへの憧れから付けたものです。苛酷で孤独な状況になっても、幸せだった過去を懐かしむことなく、今を生き抜くスカーレット。あの強さに強く惹かれます。日本人は儚《はかな》さやつつしみ深い様に美しさを見出してきました。しかし今の時代、美しくあるためには、スカーレットのような強い心を持つことが必要だと思います。

日々、怒りや悩みが生まれます。相手を憎んで醜い顔つきになってしまうこともあるでしょう。しかし、その状況や人を受け入れる心の強さがあれば、許すことができます。許すことができれば、その日の怒りや悩みはその日のうちに消し去ることができます。強い心で、悩みはいつか必ず良くなると信じれば、心も顔つきも穏やかなまま過ごせるのです。ただ、常に強くあれというわけではありません。私は時に主人をサンドバッグにします。といっても、怒りのはけ口にするのではありません。映画や食事といった逃避の時間をつくってもらうのです。

信頼できる人や愛する人と過ごす時間は、気分を変えてくれるのはもちろん、自分らしい笑顔を取り戻す強さを与えてくれますよ。

9

どんなときも「見られている」という自覚を持つ

私は休日でも、丁寧にお化粧をします。自分をいたわりながら、たとえばオイルを塗るときもじっくり丁寧にします。そんな姿を見て、主人は「出掛けるの？」と尋ねてきますが、私は「特に予定はないけど」と答えます。「じゃあ、誰のためにしているの？」と続けて尋ねてきたら、「私自身のためよ」と小さな声で答えます。主人の目には不思議な光景に映っているのかもしれませんね。

お化粧をするのは、いわば自分への愛情表現です。**素顔のままでいては、自分に触れることもいたわることもしないから**です。お化粧をしない日があると、私は、かえって肌が荒れると感じるくらいです。

愛おしいものとして自分自身を扱ってあげると、顔つきが和らいだり、肌がどんどん美しくなっていく魔法のような出来事を、多くの女性が経験していると思います。大切な人のために美しくあり続けたいという気持ちも素敵ですが、**美容において一番大切なことは、「私のため」でいい**と思います。美しくいることは、女性にとって自信につながりますし、さらなる美しさを引き寄せる力になるのですから。

自分自身が楽しい、幸せだと感じることを、自分にたくさん与えてあげましょう。

10

聡明さの先に、絶対美がある

「美しい人ってどんな人？」と尋ねられたら、あなたはどう答えるでしょうか。
手入れの行き届いた人、立ち居振る舞いの美しい人、自分の信念を持って生きている人……千差万別の答えがあるでしょう。

しかし、美しくなるために何からはじめるかといったら、ダイエットや流行のメイクに心が傾くのではないでしょうか。美しさの価値は外見的なものだけではないと知っているのに、すぐそこに走っていませんか？　情報過多の時代、興味をそそられるのは自然のことかもしれません。その中で、何が本当で何が本物かを見極めるのはとても難しいことです。しかし、あなたが聡明であれば、〝絶対美〟を見つけ出すことが必ずできるはずです。

絶対美とは、完全無欠の美ではありません。他の何ものにも制限されない美だと私は考えています。他人の目、流行、年齢などに惑わされることなく、求めるべきものを見つけたとき、それがあなたの絶対美です。そうしてつかんだあなたの美しさは、時が流れても、移ろっても、衰えることがないでしょう。

美しい人は美しく生まれるのではありません。美しくなるのです。

エピローグ　～美しさで幸せへ導くお手伝いを

十年前、専業主婦だった私が、美容研究家として一歩を踏み出すきっかけとなった出来事があります。それは、当時、末期がんを患っていたAさんとの出会いです。

生徒さんとしてはじめてお会いしたとき、Aさんは、すべてに絶望している様子でした。夫の浮気が原因で離婚をし、今でも彼を恨んでいる、末期ガンを治すため、良いといわれることは何でも実践しているけれども、うまくいかない……。彼女の口からは鬱屈した想いがとめどなくあふれています。私は話に耳を傾けながら、メイクアップを進めていきました。

そしてメイクの仕上がった顔を見たとき、輝くような笑顔で彼女はいいました。

「先生、私、まだこんなにキレイなんですね！　なんだか、まだ頑張れそうです。もう過去を振り返ったり、明日を思い悩むのはやめます！」

それからの彼女は、今までの人生を取り戻すかのようでした。そして望んでいた海の見

える部屋に思い切って引っ越し、大好きなお酒をたしなむ生活をはじめました。
それから数日後。桜が舞う夜に、彼女は帰らぬ人になりました。

Aさんとのお別れの日、私は彼女と約束していた死化粧をしてあげました。
向かい合って何より驚いたのは、その笑顔です。紅筆をしっかりと受け止めてくれる唇は、口角が上がっており、その表情には、はじめて会ったときに感じた絶望感は微塵もありませんでした。

残りの日々を笑顔で生き切ったAさん。死化粧をされ美しく眠る彼女に、お悔やみに来られた方たちの涙も渇き、「きれい！」と笑顔になりました。美しさは人の人生を変える——それを実感した瞬間でした。

今回の出版にあたっては、長崎県庁の山田伸裕企画振興部長のご推薦で、長崎県五島市の野口市太郎市長から「五島ふるさと大使」の委嘱の任を受けました。また県や市の職員のみなさまにもご協力をいただきました。

そして本をつくる過程でも、私のわがままをたくさん聞いていただきました。総合法令出版のみなさま、特に、編集者の大島永理乃さん、デザイナーの土屋和泉さん、そして私の話をじっくりと聞いてくださったライターの岩崎美帆さん、素敵なイラストを描いてくださったまゆみんさん、ありがとうございました。

そして最後に、私をいつも優しく見守って応援してくれる大切なパートナーにも、感謝の気持ちでいっぱいです。三年前、サロンを開業し、椿オイルのファンが増えてきたある日、彼に「君はそれで満足したの？」と聞かれたことで自分の本心を知ることができました。おかげでこの素晴らしい椿オイルを、メソッドを、もっとたくさんの方に知っていただくため、出版したいという意志が固まりました。夢がまたひとつ叶い、感謝しています。

Do my best!

これは、私の大好きな言葉です。

メイクアップは女性に自信を与える、素晴らしいことです。この想いを実現するため、私はこれからも、「カメリアオイルメソッド」を通じて、私のベストを尽くしていきます。そのことでもっと多くのみなさんに、メイク映えのする肌に生まれ変わっていただきたいと思っています。

この本をお読みになった方が、椿オイルに興味を持ってメソッドを実践し、美しく幸せな人生を送られますように、心から願っております。

最後までお付き合いいただき、ありがとうございました。

スカーレット西村

スカーレット西村　Scarlett Nishimura

美容研究家。株式会社Scarlett 代表。
オーガニックサロン「カメリア・ルージュ」オーナー。

大学在学中から美容の道を志し、美容師免許、化粧品化学、メイクアップを学び、着物コンサルタントなどで研鑽を積む。結婚後、夫の留学に伴い米国へ移住。2年間、ネイルケア、ハンド&フットケアを学ぶ。その後、英国へ居を移し、リンパージュ、アロマセラピーなどのディプロマを取得。帰国後、女性のトータルな美しさを追求するためのメイク講座Beauty Association -「美会」を開講する。漢方医のアドバイスも受けながら、色彩学、観相学、心理学に基づいた肌にやさしいお手入れ法、個性を活かすメイク法、そこから心の美容にまで研究のフィールドを広げる。そこで、「女性の美しさを引き出すには素肌の美しさが欠かせない」との結論に至り、素肌づくりのためのお手入れ法を模索。どんな人の肌にも合う究極のお手入れのため、日本古来の椿油に着目。中でも長崎県、五島産のオイルの品質の良さに惹かれる。そして美容に適した椿オイルを自社ブランド「S.N.(Scarlett Nishimura) セレクション」として製造販売することになる。

以来、椿オイルを使った美容法の開発と実践を重ね、椿オイルだけで全身のお手入れができる「カメリアオイルメソッド」を確立。その効果と、椿オイルの魅力を伝えるための講習会、講演活動を各地で行い、好評を博している。

現在、出身地である長崎県の振興のため、「五島ふるさと大使」としても活動中。特産物である椿オイルの宣伝、普及に努めている。

カメリア・ルージュ　株式会社スカーレット　ホームページ
http://www.scarlett-beauty.com

【監修】下田 憲　Ken Shimoda

1947年長崎県生まれ。
北海道南富良野町「けん三のことば館クリニック」院長。日本東洋医学会指導医。

北海道大学医学部卒業後、医連系の病院および診療所で研修を受けた後、国立長崎中央病院、離島の公立病院、北海道厚生連山部厚生病院へ勤務。幾寅診療所開業を経て、現クリニックを開業する。山中の過疎地帯に位置しながら、東洋医学的治療、心療内科的治療を求め、全国各地から多くの患者が訪れている。
2014年3月、地域に密着して人々の健康を支えている医師の功績を顕賞する「日本医師会赤ひげ大賞」受賞。
ＮＨＫ「『目撃！日本列島』ことばで人を癒やす～涙と笑顔の診察室～」、
ＢＳ-ＴＢＳ「ヒポクラテスの誓い」など、テレビ番組への出演も多い。

けん三のことば館クリニック　ホームページ
http://www2u.biglobe.ne.jp/~ikutora/kotobakan.html

ご応募の方全員に、著者オリジナル椿オイルの
サンプルをプレゼントいたします。

下記URLにアクセスいただき、必要事項を入力後、ご応募ください

http://www.scarlett-beauty.com

※ご注意※

- 応募キーワード…　「椿オイル」(上記ＵＲＬ内にある応募ページにご入力ください)
- 応募回数…………　お一人様一回のみとさせていただきます。
あらかじめご了承ください。
- 応募期限…………　2015年12月31日(木)まで
- 送付時期…………　ご応募いただいた方から、順次発送いたします。
ご応募多数の場合は、少し遅くなるかもしれませんが、
必ずお送りしますので、お待ちくださいませ。
- サンプルについてのお問い合わせ先……TEL 080-5676-2097
(受付／平日9:00～18:00)

CAMELLIA OIL
Scarlett Nishimura

純国産椿オイル

美人は「ツバキ」でつくられる。

一生モノの美肌をつくる椿オイル美容法

2015年5月3日初版発行

著　者　スカーレット 西村
監　修　下田 憲

イラスト　まゆみん・細谷麻柚美
ブックデザイン　土屋 和泉
編集協力　岩﨑 美帆
写真撮影　細谷 聡

発行者　野村 直克

発行所　総合法令出版株式会社
〒103-0001
東京都中央区日本橋小伝馬町15-18
常和小伝馬町ビル9階
電話　03-5623-5121

印刷・製本　中央精版印刷株式会社

ⓒ Scarlett Nishimura 2015 Printed in Japan　ISBN978-4-86280-442-6
落丁・乱丁本はお取替えいたします。
総合法令出版ホームページ　http://www.horei.com/

本書の表紙、写真、イラスト、本文はすべて著作権法で保護されています。
著作権法で定められた例外を除き、これらを許諾なしに複写、コピー、印刷物
やインターネットのWebサイト、メール等に転載することは違法となります。

EYE LOVE EYE

視覚障害その他の理由で活字のままでこの本を利用出来ない人のために、営利
を目的とする場合を除き「録音図書」「点字図書」「拡大図書」等の製作をする
ことを認めます。その際は著作権者、または、出版社までご連絡ください。